Mara-Daria Cojocaru

Anstelle einer Unterwerfung

Gedichte

Schöffling & Co.

Erste Auflage 2016
© Schöffling & Co. Verlagsbuchhandlung GmbH,
Frankfurt am Main 2016
Alle Rechte vorbehalten
Satz: Fotosatz Amann, Memmingen
Druck & Bindung: Pustet, Regensburg
ISBN 978-3-89561-645-7

www.schoeffling.de
http://maradariacojocaru.weebly.com

Tu doch nicht so,
als sei in Wirklichkeit nicht genug schon passiert.
Herr Goselmanu

INHALT

VORWORT

An die Nachgeborenen, anstelle einer Unterwerfung

Neulich die Lemurenfrage
Kritisch, einfach, weil vom Aussterben bedroht
Was ist los mit euch[1]

I didn't mean it
Ich kann es nicht verstehen
Ich spreche nur für mich

Ich leg die Ohren an
Ich bedecke meinen Stoßzahn
Ich dreh mich auf den Rücken

Ich biet die Kehle dar
Ich ätze mir den Schutz weg
Ich bleib ganz starr

Ich leg mich flacher auf den Boden
Ich nehme deine Lieblingsfarbe an
Ich schmatz dabei

Ich lach
Ich mache mich vom Feld
Ich lass mich putzen

Ich kratz dich wie du willst
Ich verschenke meine Speicher
Ich setz mich wieder hin

Ich kraule dir das Fell
Ich gehe mit dem Kopf durch jede Wand
Ich reibe mich an dir

---

[1] Und was heißt ›Halbnaturen‹

Ich schwimm mit dir synchron
Ich sprech von jetzt an nur noch leise
Ich hol dir einen runter

Ich entferne mich *ad libitum*
Ich schenk dir meine Schwanzfedern
Ich schnauz dich an

Ich stecke deinen Finger in mein Auge
Ich schmück dein Haus für dich
Ich suche deine Nähe

Ich helf dir mit dem Nachwuchs
Ich beschränke meinen eigenen
Ich küsse meinen Partner

Und: Es tut mir ohne Ende leid

WIE SCHÖN WAR MIT UNS DIESE WELT

SCHOCKMAUSER

Ich hatte mal den Spatz in meiner Hand, ich
Nahm dazu ein bisschen Sand, zwei Löffel
Körner, hier, ein anspruchsloses Tier. Und
So war ich. And you think loss won't hit you

Twice. Ich hatte dann den Spatz in meiner
Hand. Er begann zu scharren und zu baden
Ich ließ ihn gern, und fing an zu flattern. So
Mein Herz. And you think loss

Won't hit you twice. Ich war stockstarr, ich
Hatte Angst, um den Spatz, um mich. Ich
Buk mehr Brot, ich hasste viel und alles

Wurde Staub. Verloren bis auf eine Feder
Wollte Glück für Glück eintauschen[1]
Und immer wieder Spatzen, alles Staub

---

1 Luck for happiness

SCHNECKENBALLETT (SPIEGELREFLEX)

Eine Gegend von Sonne und Wind, zum Strand gemacht
Am Flachwasser, in der Erinnerung, halten wir fest an dem
Gedanken, wie schön war mit uns diese Welt. Aufgenommen
Wie beflügelt schleift sich, um unsere nackten, gelackten Füße

Und um die gestrandete Staatsqualle, wie um das Allerheiligste
Ein *sehr* ernsthaftes Schneckenballett. Wir sehen den »Aasfresser«
Wir sichern die Füße, kichern, versickern, überlassen den Wellen
Das Klatschen und die Kritik. Im Vergleich sind wir natürlich

Ganz klein. Im Dunkeln bleicht jedes Gras, meinste,[1] und
Jeder müsse irgendwann einen anderen töten, und noch einmal
Tosender Applaus. Zurück in den Kongo – du zeigst mir das

Wrack einer CAA-Maschine. Kinder turnen darauf. Ziegen liegen
Darunter. Du sagst,[2] dass Frauen Männer, die fliegen, lieben[3]
Eine dieser Frauen hängt etwas an dem kaputten Flugzeug auf

---

1 Nach so vielen Jahren Afrika noch immer ganz blass
2 Eigentlich lachst du's wie immer wissend und munter
3 Ich glaub dir kein Wort, aber

Der Form nach Galapagos

Meerechse streckt sich ins windgefaltete Blau
Grün, Unterwasserkäuer, kammgrantiger Schrubb
Du, Mitbewohner der Wale
Kleingesicht neben Großhirn. Unter der Stirn

Auf der Zunge des Blauwals tanzen
Die Elefantenkinder auf großer Fahrt
Wir sollten besser auch Luft holen
In seiner Aorta schwimmen und wie die Ritzntümmler

Ihn mit der Unterseite unserer Zungen kitzeln
An Land haben hier die Bienen die Hosen voll
Mit Honig. Da, wo ich herkomme, rutscht nur

Der Schnee von den Dächern wie müde linke Füße
Wenn die Wolken getürmt sind und wir warten
Dass der Sommer sich warm regnet

FETIȚA IN DER WUNDERKAMMER

Nimm des Vaters zierliche Ziege und reit, die Seele rein
Die Katz ans Herz gelegt, zur Welt – wer, um alles
Hat sie nur so voll gestellt? Schon entspinnt sich
Die ganze celestische Klappmechanik

Schema des göttlichen Verstands. Ein fein beschnitzter
Pflaumenkern. *Erkäntnüß des apfelrunden Kreises,* iss
Und steck die Edlen, Gepaarten von tief unterm Meer
Unters Fischnetz aus: zu Perlschnur gereihten

Liebhabereien in Butterbrotpapier, von: als die Welt noch
Fett war, zu Himmel und Hölle gefaltet. Werd Seele, unsterblich
Verliebt in dich selbst. Hol die Phiolen voll flüssigen Drachen-
                                                        fürzen

Injizier dir und der Ziege davon, entflieg dem Gerechtesten,
                                                        dessen
Präpariertes Pferdchen den Pegasus versucht, gehackt vom
                                                        Greif. Wie
Gut, dass der Tod doch eine menschliche Sache, und du auf
                                                        deiner Ziege

Am schnellsten bist

An die friedliebenden Menschentiere

An die Konfliktträchtigen, die zum Abbruch
Sich entschlossen haben. Lasst uns den Raben
Honig in die Kloake laden, die Drohnen zum Tanz
Lasst die Zeit vorbei, wenn sie's so endlos eilig hat

Auch die Bäuche einander reiben bis
Wir uns sattgelacht haben und bei Gott auch
Klingelstreiche machen. Lasst uns die kleinen
Worte pflücken – Gänseblume siegt über Rose

Uns zum Abschied lose, mit Ketten schmücken
Aus *bellis perennis*, jeder Friede sei klein
Aber ewig. Dank auch an die zur Genüge

Geliebten, Liebchen in Maßen. Gebt zurück
Nun wieder gut lachen, dass wir der Welt ihr
Böses Kind verweigert

TOD EINER JUNGEN KÖNIGIN

Imme, Majestät, Sie haben mich unter der Silberlinde
Auf den Tod gebracht. Zu kalt der Tag. Gestatten
Narrentasche, was für ein Verlust, was für ein Unterschied
Dass sie aus diesem Leben schied und ich das meine nur

Verliere: den Gedanken,[1] morsch, nur immer fort, zu
Staub. In der späten Blüte stockt der Atem, ich werfe Luft
Blasen, harte, finde Zuckerflecken auf der Haut. Davon
Wollte ich ihr geben. Ich würde gern ein Lebensmittel

Wenn es denn der Königin was nutzt. All diese Tierchen
In mir zählen. Exodus der Darmbakterien. Und ich heiße
Nun den Wachwechsel unter meiner Schädeldecke gut

Wer bin ich, mich neben Euch, im Schatten Eures Sterbens
Selber zu bestatten und zu verfügen, dass auf meinem Grabe
Büschelschön, und Pflaumenbäume, Früchte tragen

---

1 Fraßspur

LIEBE,

Liebe *hero shrew*, ich wäre gern so
Stark wie du. Nach jeder Katastrophe
Schmerzt nicht nur mein Rückgrat
Mich, auch bleib ich immer immer
Ich hätt so gern dein Herz
Zu springen ins punktierte.

Gleichgewicht

MIT DIR

Mit
Mit dir
Kann ich, mit
Rabenhaft, habe mich, will
Mich nicht versehen, kopfüber, herzunter
Dann die Schwingen, darunter: Segel, Creme
Septemberluft

Die
Die trägt
Mich, und ich
In meinem Rabenschnabel dich
Nicht ritterlich, einverständig, Schabernack
Es kann gelingen. Folge deinem Blick
Mehr

Noch
Noch mehr
Denn mit dir
Kann ich, krall ich
Kullerbunt, Glucksen, Wachshaut kraulen, habe
Nichts, will gar nichts außer, bin
Ganz

Außer
Mir, außer
Dir, nein außer
Dir, oh: Über uns
Ein Himmel, der aufs Ganze
Geht. Sag, kennst du das, dass
Man

Fast
Schon heulen
Muss, atmen. Wir
Atmen uns tief in
Die Luft. Wind schneidet uns
Auf gleicher Höhe durch die Kehle
Gedanke

Kreiselt
Wir gewinnen
Höhe: Mit dir
Mit dir, kann ich
Synchron, auf dem Rücken liegend
Fliegen. Du wippst, kippst, Rabenkram, spielst
Verrückt

BLINDE ZWILLINGE

Die letzte Wespe quetscht im Gehweg
Schnee, zertreten, eben da im Gestöber
Nirgendwann: am Straßenrand. Wir
Stoppen nicht, der Wind packt an

Im Hauseingang, wie immer schon
Bringst du die Taschen rauf; doch es ist neu
Und nicht genug für alle da. War das etwa
Unser aller erster Hamsterkauf? Erinnerung

Nun, im Zimmer, konzentrieren wir uns
Auf den Winter. Der kommt, es wird schon Zeit
Und draußen kalt wie die Barmherzigkeit
Wie zwei blinde Zwillinge, sehen wir uns

Nicht gleich? Wir tasten uns langsam an der
Alten Wand, an des andren kalte Wange ran
Wenn wir lachen, wird uns warm. Wir lachen
Nicht. Mach du das Licht nun an. Ich traue

Mich: Und das Zimmer ist noch immer ganz
Verkritzelt, Kommentare Silberstimmen, Duft
Stifte zweier Kinder, Mädchen aus verstaubtem
Sommer. Oder war da doch nur eins? Zwei

Affen jedenfalls tanzen an der Wand entlang und
Haben sieben Finger. Schlinge um die Brust, wir
Ritten glücklich durch die Luft, auf dem Pferd, das
Wir nicht hatten, ins Exil. Und unter uns nur

Herzgemurmel, Show, asthmatischer Verstand
Du sagst, der Kranich ist nun zahm und reist nicht
Weiter. Aus dem Wohnzimmer hebt die Luft
Trompetenstöße, der Zigeuner seine Weisen an

Du verrätst Herrn Stumpfenstiel, ein verhexter
Elefant. Doppelter Felgaufschwung des Gemüts
But one somersault of the heart

Eine Geheimniskrämerei (an Meisen)

Nachbarrascheln. Meine Meisen heimeln.[1] Den
Ersten Knoten muss man hinbekommen, halb
Selbstvergessen[2] sprechen – Materialien testen
Tote Blätter nutzen, Schnabelkorrektur und ein
Bisschen Glitzerkram: froh wie ein Kolibri, innen
Ausstattung Gold und Silber Retriever, mit Spitz
Unvergessenes: Stichwortverband, dann Brutpflege

---

1 Vor der Propheten-Katze
2 *Half aware of being fraudulent*

KLEINANZEIGE

Im engeren Sinne
Mit der Erzwespe nesteln

Leben
In einer Feige. Horizontlos

Was für ein röhriges
Inneres Licht

Umrichten, immer verkehrt
Parasitisch bewusstes Fruchtsein

Sich inserieren. Schlupf
Flügelverlust. Fühlerverlust

Ich, immerzu
Bedrängter, aus dem Magen

Geschlagen. Wegenge
Weg. Wie die Nymphen

Im Tautropfen
Ertrunken

ABWESENHEITSNOTIZ
(AM STRAND VON PTE. STE. CATHÉRINE)

Ich teil mich mit
Der Eierschale deines sich
Befreienden, viel beweinten
Schlüpflings. Frei schwimmen
Die Rückkehr ins Meer
Die Zeit bleibt
Die Bugwelle unseres
Bewusstseins: jetzt
Wachnass, Schubumkehr
Der Hai singt schon
Das Requiem bevor wir
Abtauchen in eine kleinere
Ewigkeit, in eine
Zeitweise dickere Haut

Unbekannte Tiefe

Das nenn ich Perspektive
Auf meiner Badezimmerfliese
Greift der Riesentintenfisch
Den Pottwal an. Etwas klickt

Tatsächlich stimmt das nicht

Der Pottwal greift sich regel
Mäßig einen Riesentintenfisch
Zum Glück kommt jetzt
Der Silberfisch, und hilft

Nach dem Setzkastenprinzip

Was machen wir damit
Z

Wie Zwiebelfisch
Gewöhnlich öde

Grau in Grau in
Gelatin Effektgemisch

Automatisches Morgendiktat
mit meinem kritischen Hund

Mit einem Ohrenzucken schickt er die Sonne
Als Erstes duschen
Wir bleiben liegen, trödeln
Ein Traum von gestern klopft übers Pfotenspiel
Den Tag genau auf die Belastbarkeiten ab
Ich mache das Notat
Ein Schluchzen jagt die Herde lang vertaner Chancen
Und unsre frisch geborenen Fohlen
Über den angefrorenen Boden
Das Gras wächst grölend, stinkend, sauer
Der Wind schwimmt
Mit den Sirenen
Um die Wette, durch die Luft, über die Mauer
Dringt der Geruch vom Rückzug unsres stadtbekannten Fuchses
All das verschwindet hinterm steckdosengroßen, nassen
Unvergleichlich schwarzen, makrosmatisch mysteriösen Nasen
Spiegel: Wir lecken die Lefzen und Lippen im Wechsel
Schmecken im Philtrum den Wert ab
Den es hat, als Erstes in der Welt
Im Fell zu sein
Und feiern das bisschen
Anthropomorphismus
Mit kleinem Tanz und Schwanz
Wedeln an der Schwelle zum Bewusstsein

* Ich lese ihm das vor, er nimmt es mir nicht ab
Und bedeutet, er ginge sich, noch heute, einen
Neuen Menschen
Kaufen

** Ich reibe es ihm noch einmal anders
Unter die Nase, mit mehr Rhythmus
Und spiel die zweite Hand

Dabei auf seinem Bauch
Wo das Fell dünn wird und hoch
Unter die erhobene Pfote
Wir sind doch beide pleite
Jetzt gefällt's ihm auch

Apropos Homöostase

Morgens, als Erstes: die Pferde tränken

Von den meisten Dingen wissen wir
Nicht, warum wir sie – vielleicht

Bei den philosophischen Stuten
Auf der Weide im Schnee

Wie sich die Dinge
Die Tiere, der Boden

Die Luft, die eigene Spur
In den Nüstern

Verloren, Umriss, Idee
Wenn wir die werdenden Mütter

Besuchen und früh am Tag, schemenhaft
Die Pferde tränken gehen

STADTMUSIKANTEN

Tusch auf Fleckente, Federwirbel
Tönerndes taubes Gegurre[1]

Am Tag, da die Krähen sangen
Und wir Schwalben

Fangen spielten
Im Hof Kybeles Löwen Korybanten

Wühlten zwischen den Kübeln
Zertanztes Gefieder; Geflieder Geflatter

Kulturfolgermarsch. Dann Kahlstelle
Und oben das Surren der Kräne

Die scherten
Den Himmel und Gott seinen Bart

---

1 Märzübersetzung der Stadt

Schön ist der Morgen, am Himmel liegen fein
Ziselierte Strukturen von Eis, Maischneiderei

Eine Scheibe Sonne steht, noch bleich wie der
Mond, dahinter der göttliche Dickdarm durchleuchtet

Atmosphärische Endoskopie oder historisches
Nadelkissen. Wir jedenfalls bewahren die Flugzeuge dort auf

Es ist so schön, wir könnten Küken pflücken gehen. Mich
Biss jedoch ein Elch im Traum. Ich leg den Finger auf

Das Weiß-ich-nicht: ob die Schwalbe mit der
Fledermaus vergleichbar tanzen kann. Und ob wir

Uns durch die Ausbildung von Knospen fort
Pflanzen könnten. Geh auf jeden Fall

Wachsam in die nächste Nacht

EPITAPH FÜR DAS DURCHSICHTIGE FLORFLIEGENMÄNNCHEN

Und wie ich hier sitze, jede Möglichkeit, theoretisch
Studierend, kommt dieser Käfer, Falter, was weiß ich

Flügeltier zu mir: Messingfarben die Augen von
Nicht einmal Stecknadelkopfgröße. Mintgrün, nenne das

Körper, der mit der Feststellung das Leben, zartblauer Auslauf
In die Flügel verhaucht. Ich atme aus, er zittert, Tendenz

Unanimiert. Er ist wohl: zum Sterben gekommen. Ich
Muss: was tun. Ein Fühler fehlt? Doch. Muss ich

Deswegen töten? Den integralen Rest zerquetschen. Ein
Druck lachhafter Gnade, was weiß ich. Lang atmet

Nichts mehr. Dann ich wieder: Sehe, wie sich
Tatlos, mit meinem Atem, ein Fühler in der Handfläche

Bewegt. Ich fasse, ahne, begreife: glaube, beide dran

KONTROLLIERTE ÜBERZEUGUNG (RESILIENT)

Mutter: Na, wie war es heute in der Schule
Das Sezieren hat viel Spaß gemacht. Kind

Ich will Integrität bewahren. Mama, aber
Das ist doch nicht mal Bio. Das ist ja quasi

Schlachtabfall. Das mit den schwachen Nerven
Kinder müssen Vulnerabilität austesten

Das Auge und das Hirn umstülpen
So dass das Innere nach außen tritt

Aber dann nichts wissen wollen
Von der Fleischleistung der Pferde

Mutter: Ich bemühe mich um Erdung, doch
Im Verdrängen schien mir, dass die Linse

Nach dem Kinde schrie. Und an den Grenzen
Des Begreifens flitzen klitzekleine Hände

Über den Tisch und ziehen mich

SPÄTER, AUGUST 2014: SELBSTBESPEICHELUNG

Regenschwer biegt sich eine junge Scheinakazie
Über den Weg zurück. Am Rand, die Igelei, drei

Braunbrüstchen, der Herbstzeithaufen ist entdeckt
Manche Kinder sind dafür sie anzuzünden, mit

Anderen hat man da mehr Glück. Im Rundfunk
Dann: Wir müssen Waffen schicken; ich verstehe

Auch die Eltern nicht. Seit heute Morgen will man
Ferner den Flüchtling nehmen, in der Stadt, die nun

Glänzt wie Speck. Ich bin dafür; ob das genügt. Einer
Made gleich, d. h. augenlos und doch nicht blind

Wind ich mich, zu sehen. Es scheint, die Mutter hat sie
Schon – gerettet. Nein: gefressen. Ich nehme an, auch

Das kann sein. Halt mich im Bedauern auf, an der
Baumbestimmung fest und schäume. Echte Akazien

Riecht man selten in diesen Breiten

EINE ART LAUSCHANGRIFF,
DIE SONNE VERFINSTERT SICH

Noch schlag ich einen Schatten, halb, allein, total
Die Stille, angeblich. Die Amsel quatscht weiter. Es

Wiehert ein Pferd, es stampft ein zweites, der Rabe
Kräht. Corviden sind Singvögel. Das war gar kein

Rabe. Das war ein Geschäftsmann. Oder sein Kind
Es sind die sensibelsten Anzugträger, die sich schwer

Begeistern. Alles stimmt und die Flut springt
Der Stieglitz aber sitzt und piepst gleich neben mir

Und der Star. Und die Wasseramsel. Und die Taube
Gurrt, was sonst. Und die Schwanzmeise

Diktiert der Blauen. Und das Haustier spitzt die
Schlappen Ohren. Und der wohlerzogene Mensch

Weiß sich zu freuen: diese Natur. Das Picknickpaar
Hört sich zu, nickt inniglich, still. Doch, die Sonne

Verfinstert sich: Klick, hast du nicht mitgekriegt

VOM SCHOSSHUND GESEHEN, RECHT PLASTISCH
AUFGRUND DER ANALOG ZUM MENSCHEN
EINGESCHRÄNKTEN SICHT

Kastanien pranken in die himmelhohe Pracht. Ein
Schatten huscht, katzenhaft, den Bordstein lang

Mein Balanceakt: Punkt auf Schwanzspitze. Nase
Landung, neben mir die Frau in Blau, rollt heran, fährt

Das Parkgestell heraus, setzt alles ab. In der Tasche
Milchtüten? Erdbälle? Ich? Finger grell, verbellt, der

Mensch. Versprengt in der Luft. Spur: Verzweiflung
Einer jungen Dame. Wenig weiter Schweißstück, ein

Nackter pflanzt den blanken Arsch, Verstärker, alles Gras
Schwaden: *Fuchzehnhundert Strafe* sagt er, zahlt er, *Heil*

Hitler beim amerikanischen Konsulat? Ich kläffe oder
Belle, verstreut, wie Salz verschüttet Blumen, Gänse

Geruchlose Scheiße. Das gibt Streit

ANSICHT EINES STAFFS

Über uns eine zurechtgestutzte Luft und ein Rauschen
Tauben, sagtest du. Luftgassenpassage, sagte ich

Und in der Tat, ein Donnern war das, und darunter
Rasend, jaulend, leckend, kleines Kraftwerk, helle Freude

In meinem herzverengten Nachmittag. Gut sozialisiert
Waren wir gewohnt, Distanz zu halten. Ruhig hingen hier

Die feinen Kleider an den Bügeln. Feierlich, so gut
Beschützt wie sonst fast nichts. Dass allein dein Kragen

In die Kulisse passte, nahmst du schon als Anlass zum Triumph
Wie das Geldstück auf dem Boden. Gleich daneben: Mensch

Mit Hund. Keine große Sache, meintest du, maßlos
In den Himmel wachsend. Ich kniete nieder zu der

Hündin: Regensingerin und Wirbelwind, der nur durch sie
Entstand ein Lächeln. Autopoiesis und Ringen

Um das bisschen Goldstandard in unserem Vokabular
Ich sah durch dich hindurch: Herr Goselmanu, wieder

Hob den Hut. Licht, Einfall, glänzend
Aus der Ferne

Erscheint uns alles schön, und klar

Verschiedene Wertstufen, Momente
Kurz vor dem Beben im Herbst

Sieht man vermehrt wieder Drachenfüße
Gefallene Blattkrallen, bioluminiert

Die Möwen lassen schweren Herzens
Die Beschwerden sterben. Die Drossel

Lernt den Wellensittich wie andere
Das Business-Englisch. Die

Vermisstenanzeigen nehmen sichtlich zu
Man hört den Honigdachs nahe Basra

Den Bienen den Takt klatschen. Man fängt das
Schmetterlingsschwingen im Briefmarkenformat

Eine Frau schminkt sich stark, fährt auf, fährt
Die Siamkatze auf dem Fahrrad durch den Park

Durch den Wald der ausgesetzten Zimmerpflanzen
Streifen tätowierte Ruß- und Rostgesichter

Reiten Waschbären Alligatoren durch den Fluss
Winken dem zugelaufenen Kinder

Mädchen, grinsend. Die Postkarte vom
Gottverlassenen Rastplatz macht eine Staublaus

Frei. Und du: pflückst, wie nebenbei, die schweren
Reifen Gedanken, kurz vor dem Platzen

Ins Religiöse

NOCH WOCHEN NACH SEINEM TOD

Nach den schwarzen Schwänen
Kamen die

Trauernden
An den Zaun

Zwischen welken Federn
Weißen Nelken

Blickt mich die Mutter an
Als müssten Menschen

Wissen, was passiert
Wenn man nichts mehr machen kann

Mit dem Abgelebten
Doch was weiß ich schon[1]

Apropos Homöostase
Unser beider Herzen rasen

Von nun an bis ans Ende unserer
Tage einfach so dahin

---

[1] Auf der anderen Seite
Ein Flüstern
Unverständlich
Wie sie sich verhält

ZWISCHENZEIT

ZWISCHENZEIT

Es ist soweit; ich gleite von dem Farnblatt
Zwischen Wahn, Gedankenwedeln und

Wachen aus der Urzeit stehen bereit. Es ist das
Alte Halsband Angst, nicht Mensch, nicht

Tier zu sein. Es ist das Privileg des braungefassten
Blicks, das mich vor allen in die Demut schickt

Es ist die Frage, die mir keiner stellt und doch
Die Antwort fordert, mich erhält. Nun sag: Wie

Erträgst du deine Einsamkeit? Es
Ist die eine Wache, Hund, ist Lunge ganz, und

Wind, die ein bunt bedrucktes Lachen
Aus meinem Kinde bricht

Und wie das Gras so silbern wie der Fuchs
Zu bellen nun beginnt, stimmt: Es ist

Der Umstand, dass dies das Gemüt erhellt und
Freundlich sich die Welt zu uns verhält. Es

Ist soweit, wir buddeln in Gemeinsamkeit, kaum
Deutlicher als dies das Glück

Es ist das Zeichen, sich im Gras zu drehen, die
Wünsche auf dem Bauche liegend mit Achtung

Zu versehen. Es ist Unsinn, den Knoten prinzipiell
Und besonders einem jungen Hund … Geschickt

Erklären Hände nur; und die andere Wache
Trauer, halte ich

UNSER LEBEN, WIE IM FLUG

Wir sind Nichtbrüter und versuchen Urlaub
In Berlin, fußlose Flugrufe, wir kippen um

Die Längsachse in ein bisschen Freizeit, dabei
Sind wir doch zwei Leistungsträgertiere

Seite, Seite, vorwärts, nicht zurück
So aus der Luft gehoben, Flügel zügeln

Will ich, aber nur dann, wenn du auch
Und das bringt uns aus dem Takt

Muss man wohl Liebe nennen, diese Proteinballen
Dieses atemlose Eilen, Krallen. Flüchtig fang ich

Ein Gespräch: Ob hier der Mauersegler wohl
Ein politisches Symbol gewesen ist. Was wirke ich

Bemüht. Manchmal denk ich
Ich bin wirklich eher eine Schwalbe, flatterhafter

Uns verbindet nichts
Als eine konvergente Anpassungsgeschichte

In Bitterstoff geschlagen teilen wir ein Leben
So wie andre einen Seeigel zerschneiden

Wir sehen uns, halb Herz, halb köpfig, fliegend

Eine Art Mammutsichtung, bei Port St. Johns

Um uns herum ein Arm des Umzimvubu, als hätten wir es nicht
Gemerkt: Die Wasserlinie frisst sich unruhig, hungrig in den Sand

Schickt die Augen weiter, zieht sie horizontal. Das Gegenteil
Von still, wie vorhin: Man tanzt im Supermarkt. Kein Gedanke

An Hungersnot, an Suizid. Die Nebensonnen schlagen an
Um mich herum dein Arm, ein Ungewisses, als hätten wir uns

Zu gut gekannt: Wir klicken, sind uns nahe, sagen uxolo, aber
Dann bricht etwas: von dort, wo die Huberta wohnte, wo

Der Mitfahrer verschwand. Es ist von ungeheurem Gewicht, ist
Ja klar. Wie jedermann trägt es Wolle auf dem Kopf, ganz

Unerwartet. Schattenhafter Urwuchs oder doch nur Sympathie
Mit einer Spur von Zukunft. Ich lenke ab: Ob sich unsere Ahnen

Von der Schlachtung kannten? Die Arme lockern sich. Der Fluss
Erstarrt für den Moment. Bin nicht sicher: Sollten wir es noch

Mal schaffen? Und wenn es nicht genug zu essen gibt

Was ich mir aus dem Kopf geschlagen hatte, sieh
Erstattete die Selbstanzeige. Gestern war's, dass ich

Noch über unsere Wolke schreiben wollte, doch dann
Rollte sich der Tag in Blick. Allein in meinen Gedanken

Kam, langsam alternd, dann ein Herr, die befleckten
Hände schützend auf den krummen Rücken

Des Hippocamps gefaltet, an den anderen vorbei
Die dich bejubelnd sich umschlangen und kichernd

In der Zukunft lasen. Ich schenkte mir einen
Verständnislosen Blick. Später bin ich noch einmal

Aufgestanden, die Wolke war ein Kamel vielleicht
Vielleicht ein Bär, und ob sie kam, um gut zu sein oder

Um uns zu zerreißen, das weiß ich nun nicht mehr. Allein
Der Herr, der konnte sie domestizieren – und

Sicherstellen: Das Seepferdchen war frei. Ich erinnere
Zwar nichts, doch es war gut und bald vorbei; und

Versöhnlich ging ein Atem bald den andern streicheln

ECHO HÖHLEN, AUF DER SUCHE NACH
DER GEMEINSAMKEIT

Vorbei an der Wache: grün übersprenkelter Drache
Seine Wunden stetig gepflegt von gelenkigen Bäumen

Dazwischen, dezenter, ein Nebel. Und ein gebückter Mensch
Tswenyane, Jahre vergehen. Die Seelen im Kreuzdornlaub

Von der Ziege verschmäht. Plan wie der Tag vor der Geburt
Ist der Tag nach dem Tod. Silbernes Kraut bereitet den Boden

Kinder klingeln, die Ankunft des Schwertransports, Europas
Geschichte, zerkaut. Leicht süßlich

Und müde der Friedhof, klein wie der Rastplatz. *Museum of
Man*. Dort glitzern die Ammensprache und die Kosmologie

Und die Magie (für die Liebe) wie die Magie überhaupt
Die Gastfreundschaft liegt neben der gesteigerten Kriegslust

Dazu kommt, natürlich, der Waffengebrauch, auch
Universal sind die Gegenbegriffe, zudem die Polysemie

Ein Tabu hängt am Nagel, darunter das Schimpfwort, wohl
Konserviert. Ideen zur Logik. Es findet sich auch Poesie

Mein Affe schrickt in die Büsche. Es funkeln verstreute Gefühle
Wir drücken uns, rufend. Hügel um Hügel um Hügel um

Hügel. Termitenkühle im Kopf. Behaupten wir
Für den Moment, es gehöre zur Würde des Menschen

In Frage zu stellen, dass man einfach so lebt. Merke, wir
Müssten windaufwärts fressen, wie die Giraffe

Und über den Drachen wachsen. Der Gebückte
Sattelt sein rappwindfarbenes Pferd

MURMURATION

Tags darauf: Wir erwachten aus dem Schlaf
Intensivstation des Privaten, mit den ersten

Staren: Glanz, ganz, kurz vor der Dämmerung
Gemurmelt schon: Schwarmanweisungen, die

Aber Fragen waren; Fragen, die sich ineinand
Verschlangen: gelackte Luftspiralen am Neujahrsabend

Und nur die augenblicklich aufmerksame Suchfunktion
Eines Individuums, und Schwingenschlag – Kombination

Gab dem fallibelen Rausch von Flügeln, Fragen
Am Abendhimmel eine Richtung, für den Moment – bis

Auch diesem Star sich wieder Fragen auftaten: ob
Der Richtigkeit des Unterfangens; ob der Beschaffenheit

Des Elements; ob der exakten Phase des wachsenden Monds
Und er diese zurück in den Schwarm warf, Verwirrung

Stiftend, bis ein Kollege einen ähnlich stabilen Moment
Wir mit Minimaldistanz Unvertrauten bestaunten: diese

Kritikalität. Man verspottet' unser Augenreiben mit zwei
Autonom schwingenden Membranen. Alles andere

Blieb, hypnopompisch, flügellose Schwärmerei

Versuch einer Landung: Fluse Suhlung

Durst. Konzentrationsmuster von der Art
Eines Warzenschweins, leicht staubig der

Taulappen. Springt durch den Pool. Der Gedanke
Trinkt nicht von ihm. Vergleichsweise harmlos

Im Schlamm gesuhlt, zum Schutz vor parasitären
Sorgen. Am Rande ragen die Drakensberge

Die Vestalin blättert den Stamm entlang, ein
Baum mit roten Exoten-Petalen steht daneben

Wie ein Fremder kündigt der Sturm sich an
Inzwischen das Knacken, Giraffenkarkasse. Die

Hitze brüllt nicht, sie zirpt. Ich konstatiere
Einen Hang zur Unachtsamkeit

Und rutsch ihn hinunter
Versuch einer Landung. Der Busch ist diffizil

Man muss es so sehen: Er stößt uns ab, je
Weiter wir gehen. Dann Abend im Lager

Mit Tabak und mit Herrn Goselmanu

Eine Erinnerung an Elefanten

Als ob sie meine Herde wären
Sonnenstrahlen rascheln Schlangen auf

Und wieder stimmt der Südhornrabe
An zu seinem tagverlorenen Klagelied

So ist das nach hundert Jahren
Maschinenkrieg. Dieses wilde Bild

Die Anführerin mit dem halb abgerissenen
Gesicht. On Oxford Street: Trade

Mit den Totenköpfen,[1] mein Schal aus China
Für den ich drei ganze Tagessätze zahle

Ein Licht erhängt sich darin schamvoll
An der Hütte zur Gepäckabfertigung. Schnäppchen

Jäger. Are you looking for a hunt
Manche Leute posieren an dem Baumstamm

Als hätten sie ihn erlegt

---

1 Alexander und wie die andern Kioskinhaber heißen

EINEN TAG DRAUS MACHEN,
MIT GEKÖDERTEM ATEM

Breakfast with the Parakeets

Drei Hunde, zottig, ganz in Schwarz, trotten erst heran
Zu prüfen, ob alles vorbereitet und in guter Ordnung ist

Dann: Viktorianische Glocken halten den Atem
Und immer wieder die Krähen zur Arbeit an. Es ist Sonntag

Morgen. Ein Mann in grauer Livree mit Ghettoblaster
Grüßt. Man führt eine Plastiktüte aus der Nacht vom Platz

Die Sonne wärmt den Tee und rollt mit langen Fingern
Nebenbei den Rest des Rasens in den Ecken aus

Es dampft, es ist gedeckt. Ich bin allein und frühstücke
Auch eher spät. Murmeln suchend, vor mir

Bankadismo eomabrik; der Chief der wilden Papageien fliegt
Einen Schritt zurück. Ich hebe meine Tasse aus dem Schrank

Spreiz den kleinen Finger, er die Flügel, kommt und landet
Wir haben uns schon mal gekannt. Wir nicken, wippen

Kraulen uns die Stirn und klettern ins hybride Sommergrün
Pyramidalis. Dort regurgitieren wir Erinnerung und unser

Herz aus Pappmaché

Lunch at the Court of Justice

Ich sah die zweiköpfige Taube wie sie in ihrem Turnschuh
schwamm
Auch den geflügelt, zerschmetterten Fischling am Hang. Kaum

Sprach die Haselnussmutter, geh hin und sieh, ob du sie retten
kannst
Schon rutschte ich in das verkraterte Land

Ich sah die zerdrückten Leichen, ich nahm jede bei der Hand
Sometimes I would like to throw my arms up ... sprach die eine

Die andere pflegte den Albatros gesund. Ich organisierte für alle
Kuhfußball. Das hat ganz wunderbar geklappt. Doch ich kann

Das Gebiet nicht kontrollieren. Wortschwall und Hemmung und
Komplikation. Zu groß sind Gewöhnung, Versuchung, Tod

Am Telefon so wie immer die Frau mit der Plastikperlensprache
Zwischen den Sehnen des Gerichtshofs tagen asthmatische

Skalarfische. Ich sah wie etwas in meinen Alveolen verschwand

DINNER WITH THE TREELADIES

Die weiblichen Bäume rauchen das Gras, wir bauschen
Durchs Laub ihrer Teedose, lose Kekse am Grund. Man

Spricht auch Arabisch, Gemüse, man isst interessiert. Ein
Mond orientiert luftige Mantarochen, sie fressen das Flugzeug

Bei Nacht, im Licht unserer Taschenlampen von Stadt. Meine
Schritte peitschen den Boden, die deinen sind Dampf. Ein
                                                    Rochen

Dort droben grault, wir alle, taktlose Nacht. Ein Morgen wird
Kommen. Ein Atem wird ziehn. Wie die Schatten am Himmel

Am Boden, am platanoiden Hals der belaubten Frau

ERSTE ÖFFENTLICHE KLEBUNG:
KORREKTURPROTOKOLLE

FISCH ÖL: LÄDIERT

Ich hab das Gefühl, es hilft
Das Gefühl hilft natürlich: Fischöl
Für posttraumatischen Stress

Ich das Gefühl, ich muss das diesen Fischlein
Sagen, Fischlein, Fisch
Leichen, tiefes Wasser, roter Schnapper
Tiefer, verschmierter Horizont

Aber die Frauen sagen nicht
Stopp – die Erdölbohrung
Sie sagen: Bohr, Baby. Bohrende
Ungewissheit, glitschiger Zweifel, was knabbert
Ein Schnapper nicht alles so weg. Er vermisst
Seine Larven, aber das ist nichts
Gegen den Blauflossenthunfisch: Angriff
Auf die Herzzellen. Nein, ehrlich, das ist
Das *intention-to-treat*-Prinzip
Komm, Herz, Psychoedukation. Ich hab
Das Gefühl, es hilft nur bei Frauen
Ich bin gerührt. *My love story came to an end*
Drill, Baby, drill. Ich weiß nicht
Ob es mir hilft: Aber ich sage es noch mal
Therapieversager Dispergator
There was absolutely nothing[1]

Kein Fisch schwimmt in der Kinderstube
Kein Fischöl nimmt den Schmerz
Kein Fisch kann *die Depression erklären*
Die wir sehen. Kein Öl, kein Fisch

---

1 Sprach die Tiefseetaucherin im Deutschlandfunk, die nicht wusste, was sie
sagen sollte, und

BLÄULING

Für uns Menschen ist das natürlich völlig harmlos

Man sagt, der Schuppenflügler sei ein guter Indikator für
Die Stabilität eines Ökosystems – Stabilität oder … was war
Die Frage
Ob der verkrüppelte Flügel
Schlag eines

Nehmen wir den Bläuling, rund um Fukushima, rund um
Die Artikel, im Netz. Gossip Gaze
Kommentarselektion: Im Zentrum
Deformierte, verpixelte
Flügel, Augen. Augen, Flügel
Muster, am Anhang der Beine, Ausstulp der Brust: ptera
Und he
Spinnweben schwingen, blasses Gras flattert
Der grasblaue Blassfalter: Zizeeria maha
Erweitert seit einiger Zeit schon
Sein Verbreitungsgebiet, gen Norden, und dann
Dai-ichi NPP
Da wird nicht übertragen, nicht übertrieben, doch: Frage
Was steckt im Erbgut dieses Schmetterlings

Ich hab selbst schon welche gezüchtet und
Da wir ja auch nur Mutanten sind …
Abseits: Debatten zum vierblättrigen Klee
Die Entwicklung der Fauna und Flora in Pripyat ist

Interessant – das Meinungsbild

Jahre ohne Sommer

Meermädchen, gegen diesen Himmel sind alle
Papageien grau. Doch

Irgendwie quillt mir das Herz auf. *Heute
Ist der erste schöne Tag.* Warst du
Nicht, früher mal, die Dugongdame von Tambora
Oder war es Nicobar? Vielleicht
Vor zehn, vielleicht vor zwei mal hundert Jahren
Weißt du noch, wie das war
Pyroklastische Seegrasvernichtung und was
Für ein Verschluss der Unterwasserwelt
Daran waren die noch nicht mal
Schuld, in anderen Fällen: superkolossal

Behalt nur ihre Hungertaler
Als deinen Talisman

Ach, Meermädchen, selbst die Schatten
Berühren sich jetzt wieder ängstlich

Was geht durch deinen Kopf
Ein Messer. Und ein Sonnenuntergang
Man will dein Hirn im Vibratom
In Scheiben schneiden, um dem
Klimawandel zu begegnen. Schon wieder
Biedermeier. Was denn sonst

Wir spritzen Fett
Unter unsere abgesunkene, vernarbte
Sprache. Im Mutter-Kind-Duett
Bleibt eine Stimme unbesetzt

Natura. Du sagtest: Lass mal, ich hab da grad keinen Bock
Drauf – in meinem Kopf stach: Drehen wir zurück
Acht Minuten

Mitten im Säulengang: Da liegt der Nachtreiher, wie
Einer, den keiner
Erwartet er den Tod
Oder nicht. Das ist im Licht der weißgoldenen Sonne
Schwer zu erkennen, schwer zu ertragen
Die Fragen, banal
Du sagst: *This animal is suffering. What shall we do?* Die
Säulen verwehren dir Echo. Dein Ding. Ich stehe
Neben mir und dir, eine Frau redet gut
Zu. *I don't think he is suffering at this point.* Ich denk
Nicht. Mein Kopf pocht, er atmet
Noch. Du hörst nicht zu. Was machen
Das Blut da, rotbraun und unklar
Sein Opfer, das ihm das oder er ihm. Schmiere, nicht
Identifizierbar: Er ruht in blaugrauen Federn. Sein Auge ist
Rot. Auch so. Ich zucke
Nicht mit den Schultern und sieh: Er liegt so erhaben, so
Tot? Was für eine Perspektive
Pietätlos, nein, doch, heb ihn nicht auf. Du hebst ihn und
Trägst ihn hilflos hinüber. Vielleicht in den Schatten, wenngleich
In der Sonne, da lag er so schön. Kommentare – ich
Spar's mir und lasse dich machen und dann willst du
Fort nur
Stunden, vergehen

Ich war noch mal da und er schien mir zu atmen
Undenkbar, die Frage, hast du
Noch nach ihm gesehen
Du hasstest: Wohlfühlgequatsche, ich dachte, es machte Sinn
Natürlich, was wissen wir schon, wie es
In so einem Vogel aussieht, zumal
Wenn er stirbt

Zum ersten Mal Gedanke: Das ist depressiv

Mein Patenpferd hieß Alibaba, mein Patenkangal
Pascha, mein Patenaffe Abra Kadaver, mein Paten
Elefant, zehn Jahre später dann, Nasala, ich bin
Vielleicht acht Jahre, ein asthmakrankes Kind

Wir sind mit deiner Patin im Hamburger
Aquarium. Im Aquarium war Sindbad
Sindbad hatte keine Paten. Sindbad, sagte man
Hörte auf zu atmen, voll auf Clomipramin
Oder wegen eines
Rangkampfs. Die höchsten Weibchen
Dazu zählte deine Patin
Bringen ihre Kleinen in die erste Reihe
In die Plastikschale, Trauma

Alles quietscht. Ich habe keine Ahnung
Ich habe keine Atmung, irgendetwas
Applaudiert, der Tümmler zieht – fröhlich
Sind wohl wir Kinder und lernen auch sehr viel

PRIMATENKRAM

Gespenstisch fensterlos
Der Raum
Mit Sicherheit

Hinter Licht
Aus Dreipunktstangen
Klirren Stäbe stetig
Förderblech Verdachtsmoment
Drinnen viel food
Fast for free
Jede Bewegung registriert
Menschen aller Art
Üben Geduld
Und ein Fünftel
Freundlichkeit: I'll try
Keine gemeinsame Sprache

Please, would you briefly
Watch my stuff
Grimassentransport
Mittel Lächeln
Verschenken
Vertrauen
So
Kann das funktionieren

Wenig später dreht sich SAF2
Zu SAF3[1] und strahlt, dabei
Einen *Hallmark*-Schimpansen
Weitauf lachend

---

1 Die Forscher um Herrn Goselmanu nennen sie, heimlich, Paola und Babette

Affig, gedankenlos
In der Hand
Greetings from the heart
Of Europe

WASSERVOGELCHAOS

Bitscherling. Einen bachklaren Spaziergang
Später, wie das Amselpaar beim Bade
Das Wasser mit den Flügeln wachtatscht
Stehen winterdepressive Pinguine
Auf der Schierlingswiese. Und keiner will der Erste sein

Mit dem Gewicht einer Gewitterwolke
Mehr als eine Tonne, ziehe ich vorüber, trage auch
Die gleiche Farbe, bleiern Blau, zur Schau. In diesem Spektrum
Seh ich besser und genauso ziehen die Gedanken, die ich
Mit den Pinguinen teile wie ein altes Brot[1]

Denn es drückt und es regnet, rasend kaltes Wasser
Von oben das, was wir verloren haben, dass
Wir verloren haben, drückt uns zu Boden
Man kann sagen, radikalisiert. Oder was
Wären wir denn ohne das
Was wir hatten. Kehlbandstocken

Nicht belastbares Kopfschütteln, schau
Schau in vollen Zügen
Schier ja sagen, Amen
Nein, mein Herz, klopft an die Scheibe
Sorgenvoll. Diese beschissene Flugunfähigkeit
Die Pinguine ziehen
Weiter. Mit den Augen so lang blinzeln bis
Im Schwimmen alles
Stimmt. Nickhautkippen. Glotz
Den Klotz an: süntelbuchenmüde. Was? Was
Schlürf ich meinen Plänen hinterher, es läuft

---

1 Das macht man nicht

Ich bleibe liegen, motorisch stotternd: ferngesteuert. Wie ein
Vogel, hart am Wind: fliegt – oder wird geflogen
Ich bin Wasser
Vogel, Tavor, aber doch nicht so

Dann fällt ein Gold und ein Morgen in ein
Bedrohlich frohes Blau

Man lacht viel; zelluläre Veränderungen, auch durch den
Lernprozess, Lärmprozess: akustischer Reiz – Angst – erstarrt
Das, was geschrieben steht, durchaus durchdacht. Ist es
Eine Orientierungsstudie? Ruhe. Schon

Gurgelt jemand lächelnd einen Zweifel hervor: Es geht um
                                                    Plastizität
Und darum, ob das Alter *eine Abweichung*
Macht virale Transduktion, führt zu Streuung der
Ergebnisse. Warum? Aber

Wir weichen ab. Perfusion. Unter
Isofluran? *Hat eine gute hypnotische und muskelrelaxierende*
Wirkung [...] nur schwach analgetisch – schmerzhaft. Zumindest
Eine zervikale Dislokation muss sein

Ich zwick mich, die Hautfalte bleibt
Stehen; ein Abbruchkriterium erfüllt; erneut quillt
Ein Lachen durch den Raum. Ich unterbinde; klinisch, präzise
Witzlos: die Hemmung, »nur« Grundlagenforschung zu
                                                    behaupten

Erhebliche Zweifel: C57 black six;[1] kennst du eine, kennst du
Jede Übertragbarkeit auf andere

---

1 Später im Netz: Diese Maus
   Gibt es seit 1921; erst neulich
   War sie im Weltall. Darüber hinaus
   Ist sie äußerst geräuschempfindlich auch
   Aggressiver als andere und rauft
   Die Rangordnung über die Haare aus – das
   Nennt man *barbering*; auch Alkohol wird
   Freiwillig konsumiert. Im Alter
   Verliert sie potentiell das Gehör. Ein
   Verlässliches, beliebtes Tier

Genetische Linien sei nicht gegeben; d. i. auf andere *Mäuse*
Nicht, auf den Menschen, keine Frage

Seien wir ehrlich: Dass man die Angst des Menschen mit der
Dieser Maus vergleicht – das funktioniert schon
Depression zum Beispiel: *ist* selbst *geheilt*. Auch ich
Muss nun lachen

Vergleichsstudien mit Primaten haben
Hierzu gezeigt: Menschen tun dies nicht monokausal, kaum
Nur aus Spaß. Sie lachen zur Beschwichtigung, aus Verachtung
und
Vielleicht auch aus Angst – das selbst

Ist ein ganz anderes Signal

On Debarking

Manhattan
Du und was dieser Beagle
Dir vertraut

In den Momenten
Die abpellen. Kehliges
Abrinden der Stimme
Sorgsam, wie Paul
Kriegsfeld Tibbets
Den tickenden *Little Boy*
Kitzelte, handhabte
Bist du hier gelandet

Mit deinem kleinen Jungen
Nun zieh weiter
Am Stimmband. Nicht
Ein Wort, Ventriculo
Cordectomie, von
Deinem Hund

Selbstversuch: Heim finden (verhalten)

An der Kreuzung
Nebraska mit Mendeleevskaya
Richtung arktische Gewässer
Bewegt sich etwas
Tierlich. Nichts
Anderes habe ich erwartet
Duftschuppen, Wind
Und Federspiel[1]

Neben mir die Monarchentochter
Sie ist wie ich
Zum ersten Mal an diesem Ort
Diasporen sammeln, religiöse Flügel
Samen, die Vokabeln
Von dem etwas abgenutzten Boden
Für die Wunderkammer oder die
Kunsthistorische
Natur

Auch meine Sprache ist schon ziemlich
Abgeflogen, doch
Im Verlaufen biete ich noch
Meine goldene Plazenta für eine
Dosis Magnetiterhöhung im Gehirn

Das lockt auch die Hüter und die Rüden
Vom Ochotskischen Meer und die Hybrid
Kaniden aus der alten
Neuen Welt

---

1 Meine Brieftaube schaut traurig

Wir teilen alles
Milchgras, Trinknapf, Monatsmarke
Der Blauwal hat die Daten

Wir holen Luft
Aus dem Lastenaufzug
Und tauchen ab[2]

---

2 *Vide supra*
   Ich gebe nun der Taube
   Meinen Pass und
   Lass sie
   Heimwärts
   Wenn sie das
   Denn will

Hilfestellung für den letzten Menschen

Heute also, triffst dich mit Charles[1]
Vorsitzender der Kommission
Für unseren letzten Menschen

Ahnung, ahnungslos, grob
Welches Geschlecht, wenn überhaupt eines
Welche Sprache, wenn überhaupt eine
Wird er denn sprechen? Wird er Rot sehen
Können? Vielleicht nein. Doch
Das gibt ihm kein Recht auf
Nichtexistenz. Was für ein very wrongful
Leben. Du knirschst die Pläne weg
Weg mit den Spitzen der Weltliteratur, zu der
Bettwäsche gelegt. Was für ein Stuss
Man bläst ihm ein Luftschloss auf
Apokalyptische Hüpfburg, konditioniert den
Universalen Palmarreflex
Doch er muss loslassen: in Hologrammen lachen
Quatschen, schnattern; jedes Leben förmlich
Grüßen können, muss er
Schon. Der Gedanke beschleicht dich
Nicht, er stellt dir ein Bein: Der letzte
Mensch könnte genauso dein Gesicht- und Scham
Loses, Hass schwitzendes
Gegenüber von vorhin sein: das über Tip und Topsy
Lachen oder was in Bedlam witzig finden kann. Allein

Du gehst durch deine Garderobe. Warum
Fragt dich dein Besenstiel, ist dir am
Fortbestehen des Menschen überhaupt gelegen
Kehrsache: Fehlfarben. Wollen wir es nicht

---

1 Goselmanu, ihr seid nun per Du
2 Huch

Mit Liebe versuchen[2]
Dann also: Schnuppernde Bilder, türmendes Licht
Agafias Gesangbuch für jeden Sonnenuntergang
Den er alleine verbringt. Und ein Mobile
Strandgut, letzte, beschädigte Hoffnungsträger
Auf dass er in allem lieben Rat und Herzschlag findet
Dazu ein rastloses Kitzeln in die Fersen genäht
Auf dass er
Nicht vergisst: Er soll die Mengenlehre von den
Bienen lernen, ganz genau. Denn: In einem seiner
Sommer bleibt *der Honig aus.* Und schwärmend
Mit den Schweinen schwimmen
Das soll er auch

Notizen aus der Natur

IDENTIFIZIERUNG

Einen strauchenden Vogel gegrüßt, wohl
Kaum erkannt; aber Anspruch: *Herzliche Grüße*
An alle. Die Ausgelisteten, Aufgelisteten
Versuche, zu überleben. Gehörkapselbanalität

Ach so. Spazieren fliegen, mit goldenem
Rekorder: Es tropft. Ich wütender Primat
Trage hier die toten Wale nach. Doch immer
Geht ein Leben unbestimmt zu Ende

DUNKELHALTUNG

Wintergegend, kalt. Licht
Kegelt über diese Wiese, dann
Die *Viecher*. Wir nutzen
Den nächtlichen Anschein

Flutlicht, Fluchtlicht, lass mich
Helfen, in Deckung. Es folgt
Die Hühnerkanone. Nicht
Im Ernst. Man hält uns im Dunkeln

Diese Einschüsse von arg
(am Rande der Theresienwiese)

Jede Kuh
Trägt ihre eigenen
Kontinentalplatten auf dem Fell
Und

So ist
Ein jeder Mensch
Eine bedingt
Nur nutzbare und fremde Welt

Habeas corpus (oder von Glanz und Raserei)

Rupfplatz. Sandbad
Etikettierte Landschaft. Man hat
Den Habicht handgesandt
Die Fasane desertieren knarzend

Gellender Ansporn. Dabei nichts
Als das Nötigste
Diesen köckernden Körper
Habichnicht

WORTE, HOCH KONZENTRIERT

Pures Mitgefühl, etwas
Purzelt mir aus dem präzisen Mund
Fällt mir in das Tiermodell
Ach, Purzel. Ob es gesund wird

Weiß man nicht. Wohl gefühlt
Hat es sich nie. Stunde
Stunde, eine Art Versuchstier
Kunde. Wir nehmen etwas, zur Beruhigung

Hirnentzündung. Im Prinzip reversibel
Oder was meinen Sie

Ratten kraxeln, alle eintausendundachtzig
An der Belastungsgrenze lang, absolut
Ich betrachte, gewichte: fachgerechter Tod
Kopfzerbrechen, infauste Prognose

Jemand kommt und prüft
Meine Unplausibilität.[1] Ich beschwere mich[2]
Und bleibe liegen. Ethischer Fehler
Im Dopaminsystem

---

1 Verbesserungsvorschlag: Plausibilität
2 Vermeidung vermieden

LOCKED-IN

Die Leute sagen
Sie sähe endlos traurig aus
Wie das Krokodil neben ihr
Das auf seine Zähmung

Das auf seine Tränen wartet
Was ein Kopfschuss
Nicht alles bewirkt
Und finden beide *schön*

NACH PARIS, RICHTUNG KANAL

Diesen Tag bewohnt man vorsichtig, in den Lichtspitzen
Die auf unsere Schultern fallen, gnädig. Selbst die Sonne
Trägt hier Samthandschuhe
Wir lieben ihre Zaubersprüche

Tut es für das ungezogene Fingertier. Ein Zweifel
Tritt mir aus der Stirnblase, entpuppt sich
Bald als wirkungslos. In Paris küsst sich noch alles zur
Kulisse. Ala widersteht. Weiterreise, Richtung Kanal

FRUCHTFOLGE

Manchmal frag ich mich, wer der Typ ist
Debattierend
Schwitzend wie die Südstaaten
Im Gesicht, rot

Nackig. Und wann er meinen Hund
Auf dem Spaziergang hinter mir
Erschlägt. Fleischlos, vergiftet
Diese Atmosphäre

SCHWARZWEISS

Schatten statt Licht
Durch das Prisma
Geschickt
Dieses Umkippen

Der Sicht
In Finsternis
Die Welt
Weil es gefällt

DIE, DIE WARTEN

Sieh, wie sie sich unter unseren Füßen gegen uns
Verschworen haben, wie sie in den engen Gängen
Menschentritte
Horchen, tasten, singen von der

Königin: Sie gebiert ein totes Kind
In Anarchie. Es lebt. Die
Hofdame zerschlägt den Fuchs und jeder Tritt macht
Eine Taube tot, und jeder Knicks ein Stückchen Lob

In der trockensten Zeit

Auf der trockensten aller Inseln, trocken
Wie eine Oblate. Schafe
Schlafen im Olivenbaum, im
Opiaten Wurzelwerk. Im Fell ein

Atem, säuselt Myrrhe und Mäh
Gekräuselter Singsang, sicher
Die sehen friedlich aus
Doch beten kaum

RAUCHWARENKAMPAGNE

Rauchwaren, dachte, waren schon lange
Verboten. Klaps mal die Wamme, klatsch
Es klackt, klickt. Die tackern Nase an Nase
Zu passenden Tafeln. Flicken

Flackernder Anfall. Anmachen. Anstalten
Machen. Nicht anfassen, anbrachen
Schadhafte krasse Schmach, Schnatte
Narbe, ab, dann Läuterung. Tonne

Neue Biomstudien

ETUDE EYRIE

Leis drückt die Sonne auf den Schnabel durch das Eis
Von Luft: Aggregatzustand Gipfel. Als sie Kind war
Flog dann und wann jemand mit dem Hubschrauber
Vorbei. Der Winter. Wärme nun und die Thermik

Lacht. Sie zog dennoch wieder ein, behielt den Titel
Und das Luftschloss Horst. Hierher kommt kaum ein
Wind, der nicht schon die ganze Welt gesehen hat. Man
Baut hier nicht von ungefähr. Man baut, man meißelt

Mit System. Immer mehr Bilder zerwühlter Betten der
Aufzuchtstationen im Innern des verzweigten Heims
Die Adelige hat Geist für Kunst. Das hält die Dynastie
Und das Nest zusammen. Sanft fährt ihr ein Hauch

Von Luft in den Hakenschnabelritz, trägt seinen Duft. Sie
Spitzt unter Schwinge vor: beringtes Auge, in lebenslanger
Partnerschaft verfädelt. Sie liebt seine kleinen Terzelfüße
Er ihre feinen Linien aus Karamell im Gefieder. Verfilzt

Die Flaunen: pater familias. Lachhaft, denkt bei sich: It is so
Offen, dass er die Falkenhaftigkeit der Tauben unterschätzt
Doch den Girlandenflug kann er gut. Wachwechsel, dann
Konvokation: Sie fliegt durch die Wolken, die dampfen nun

Tatsächlich *roth*. Er schützt die Brut. Manchmal nervt, dass er
Die Netzhautleistung runterfährt, wenn sie dem Kitz den Kopf ab
Reißt. Es sind auch seine Jungen. Und gegen den Kainismus
Werden sie etwas tun. Sie stierte immer in Erwartung einer

Wildnis, ein Loch in der Zivilisation, in Amerika, irgendwie
So. Weit, weit im Hintergrund die Großbäckerei. Man hört
Bis hier: Die Backshopinhaberin lacht wie ein Eichhörnchen
Schimpft. Wir erwarten den Regen zur vollen Stunde

Ohne jede Zahl spielen Äste, jung und alt, über ihr
Kaleidoskop. Ein in der Not gesetzter Anfang, eine
Bruchlandung im borealen Nadelwald, am Abhang
Womit fängt sie an? Leben Nummer zehn, in Alaska

Walderdbeeren murmeln in den Büschen. Dort hatte
Man den Absturz auch gesehen. Gesehen auch diese
Katze, die der höllengelben Lohe, wütend, einem
Flugzeugwrack entfloh. Autogenes Lecken, Moos

Wild wechselt, die Verstörung weicht Begeisterung
Alles wild, will werden, wild, oder mindestens hybrid
So ein Baum sein, wenn es im Sommer in dir summt
Und schwebt und fliegt; Honig bergen, umschwärmt

Werden, Ring um Ring. Fabelhaft umzingelt sie die
Lichtung. So ein Elch sein, der jeden Bus zum Stehen
Bringt, so ein, oder gleich ein Bär. So ein Mausohr, so
Ein Gierling, so ein Wiesel, da: Der Riese reflektiert

Mit seinem Spiegel beim Rasieren Licht. Flecken jagen
Kennt sie von zuhause gut. In den Rinden leuchten
Pazifische Isotope. Phantastischer Lachsspaß. Dort
Ein Stück Fäzes, abgeluchster Lockstoff. She's intrigued

Polyandrie? Überschwänglich: Noch ist sie nicht
Überschwanger, noch kann sie sich rühren, noch kann
Sie der Luchs begatten. Das wär der Weg zu hetero
Paternaler Sicherheit: Zwei Väter sollen ihre Kinder

Haben. Einen Sohn trägt sie schon in sich. Jackson, die
Flammen werfen sich aufs Totholz, Probe. Sie erzieht
Sich schöne Kinder, eins verwildernd und das andere
Luchs, Teufel, wild, unterm ausgebrannten Schleudersitz

Der Fluss spielt mit den Jungen Gurgeln, Verstecken, sie
Gehen in die Deckung, und dahinter: Ruderalvegetation
Darunter müht sich die Sonne, brütet die Sonne zwischen
Den Prunkwinden Krokodileier aus. Merklich schwerer

Von Jahr zu Jahr. So ein aufgeschlitzter Abend, alles fließt
In so einem Licht. Feuer segelt den Stamm entlang, Gebiss
Starre zwischen Schlaf und Träne, blinkender Feldspat
Stakt. Die erste Löwin kommt von der Jagd und nagt

Ein rundes Stück Entwicklung und Geschichte vom kahlen
Brustbein der Giraffe ab. Sie bezahlt die Hyäne für ihr
Einstweiliges Schweigen mit Aas. Die lacht, grundlos
Unterwürfig, dabei hatte sie es doch erjagt. Das war

Der Stolz der einzigen sozialen Katze. Bis gestern
Roch sie: wenn die bediensteten Termiten in gedrillten
Pfefferkorntritten ihr Gebiet durchschritten, wenn die
Zunge des Leoparden Zartbitterrosetten im Honigfell

Leckte, Kunstfreiheit, schön, wenn der flugfähige
Dungkäfer, Kerosin rieselnd, im Sand landete, roch die
Gedanken der Unantastbaren, das Aufbegehren, das
Wibbern des Zebras, wenn der Aktienkurs fällt, die

Entzündlichen Gefühle der Dicken im Jeep. Heute riecht
Sie nicht nur anders, alles anders. Vor allem riecht sie des
Königs Verrat. Irgendetwas geschieht. Eine Verwirrung
Perlhuhn fliegt aus dem Busch. Es wird, Deslorelei

Keine Jungen mehr geben. Mit den Krokodilen dealen
Langsam Rache wachsen lassen. Die Prärogative, an der
Eigenen Brutalität nicht zu verzweifeln, checkt das System
Was raubt man als Raubtier? Leben, geschenkt

OVERKILL EINS

Etwa zwanzig Kaltzeitschritte ab vom Tourspektakel
Liegst du behust in dem vom alten Fels aufgefaltet Zelt
Schwach beleuchtet, von außen eigentlich nicht
Zu sehen. Das war eure extrauterine Großraumlösung

Jetzt kratzt du dich allein am Stein, behaglich, für
Andere unverständlich, schwefelhaft matscht
Dein Gestank den klammen Wandbehang entlang. Über
Und über: ein Schlaf weit Schwierigkeit. Lichtscheu

Manch einer meint glanzlos, doch das stimmt so nicht
Erzähl's dem Schimmelpilz: Bin ein phosphoreszierender
Riesenkurzschnauzenbär. Wahr ist: Du liebtest ihre
Sommersprossen, nur über vegetarische Kost

Ward ihr nicht eins. Doch zur Feier eurer Liebe gab es
Jeden Tag einen neuen Kosenamen, damit krault
Ihr euch durchs Fell und fast ein Stück in Richtung Sprach
Werdung. Worte, nichts als Worte, doch für euch so viel

Konvertiertes Fluchttier war so einer, oder Enigmaceterchen
Das heißt, über die sich die Menschen wundern
Werden. Nachtmals tanztet ihr den Swing in eurer Vorder
Höhle – all that could have been. Schritte huschen heut

Schneller noch am Schall vorbei. Du erinnerst dich, du
Sagtest: namoya awas. Doch sie ging. Jetzt kauerst
Du im Maternalliding, oder wie sie's nannte. Weil sie
Mitleid mit dir haben, füttern dich die Fledermäuse durch

Im hellen Außen, später dann: ein Fund, ein Kuriosum
Eine Sensationsdegradation: *strange creature with*
warthog's mouth – now seriously, wie kann man denn dein
Hübsches Brillenbärgesicht so fehlinterpretieren

Klimmzug, morgendliches Schwimmen, deine ersten
Gedanken, Fetzen vom Tang: Schlag die Schleppdecke
Weg. Wedel. Ein Räkeln, ein Raschen in den rätselhaften
Wasserlagen. Ständig wächst der Algenwald. Bald bricht

Ein ungeborgenes Licht dir fast das Genick. Du wischst
Durch die isolierende Luftschicht. Wieder Perlen im Fell
Vor die Clownfische. Und dazu die Sorge: Wo ist sie hin
Ein Delphin flinkt lautlos, lächelnd, gequält, spionierend

Vorbei. Die gute Zeit. Ein Lippfisch, ebenso farbenfroh
Wie ratlos, mit der Geschlechtsumwandlung befasst, lacht
Der Barschnachbar schnarcht im Speichelsack. Siehst du
Werkzeuggebrauch: *and now the fish*. Nachbiblisch schwarz

Blickst du zurück, durchs submarine Stängelgedränge
Ein Tummeln ist das. Zärtlich bemüht umspielst du die
Kurven eines neuen Kontinents. Vulkanische Landmasse
Korallendame oder eher propoetische Ersatzhandlung

Komm, vergiss doch diesen Schaumnestbau. Niemand
Könnte ewig leben, in den Baumkronen verschwimmend
Wo denkst du hin? Du als Otter, sie als Zitterrochen und
Das Seepferdchen als Pestizid? 17 000 Quietscheentchen

Zogen an euch vorüber. Und so viele Schiffe. Und immer
Wieder die ozeanische Geschichte vom großen Hund
Auf der Suche nach dem versunkenen Ball. So als wäre
Das was für euch, als müsste jeder diese Spiele lieben

Und auch diese Kinder. Doch sie sagte: Schnapsidee. Lass
Uns erst mal wie die Kinder sprechen lernen, den Genuss
Phytoplanktonblüten: hochprozentig klar sein, über Wasser
Über uns. Diese Herzverklappung geht ans Haftorgan

Im inneren Wendekreis (verwüstend)

Der Passat versetzt die Dünenzüge mit Glimmer
Krümeln und mit Spannung: jeden Tag aufs Neue
Fünfzehnhundert Schritte. Der Mali Lizard frisst
Sich trippelnd durch gefallene Akazienblüten

Geköpfte Wüstenblumen. Er vertilgt die Reste
Zahngold, Elfenbein und Elfenarme, Elfenzahn
Salz und Sklaven. Drogen, Menschen, Handel
Karawanensprache vage, vage auch der Verlust

Der Worte, trocken. Regenschatten. Manchmal
Tropft es halt so raus, am fossilen Wasserloch
Dann: die bunte Hündin, Wölfin. Ihr Hitzefiepen
Rinnt die Echodünen, während diese singen unter

Dem gewittrig unentschiedenen Zerfließen dieses
Himmels, hoch und runter. Immerzu ergebnisloses
Rieseln. Ein Auslösen der Sprünge, ein Fliehen
Vor der Harmonie. Ihr erstes echtes Gegenüber

Sieht sie noch durch den Blutschal. Kinderloser Blick
Zu ihrem »Goldschakal«. Und eingeschlossen in die
Bernsteinaugen: Szenen von der Jagd. Gemeinsam
Wälzen in der Duftspur einer fremden Eigenheit

Ihr seid doch beide nie zu Haus gewesen, dort, wo
Man euch aufgezogen hat. Doch nun, über den
Verschwemmten Schneckenhäusern fließt es
Sturmumstände kippen: wurzeln beide tief, sie

Widerstehen der Fliehkraft des je individuellen
Leidens und mit einem Augenzwinkern, einer
Rührung in den langen Wimpern beschließen sie
Die Annahme des Jungen wie eines eigenen

Menschenloses. Kondominium

Eisland, weißes Endlos, Wind gerissene, hin
Geschneite Schattenlosigkeit. Frieden, in minus
Vierzig Grad. Was für ein kirres Stöbern. Leicht
Füßig flock ich dazu: Das ist die erste Jahreszeit

Sie wird die letzte sein, allein. Wenn es Herbst
Wird, was es hier kaum gibt, lässt du dich auf den
Subglazialen Seen treiben. Schimmernde Sakraldecke
Dein eigener Kapitän. OK. Ich verinnerlichte dich

Und unser Kind sitzt auf meinen Füßen. Moment
Mal, Walgesang dringt durch das Krillschwarm
Schmatzen. Bist du zurück? Ich weiß noch, wie du
Mir immer wortlos folgtest. Wir raupten durch Rasier

Schaumgebirge. Katabatische Winde befahlen
Den Seeelefanten und den Farben zu tanzen. Nur
Die Raubmöwen lehnten sich auf. Wir besichtigten
Auch die nackten Menschen beim Feiern des

Maximalen Temperaturunterschieds. Dein Abmarsch
Am Ende des Jahres, markiert von Scherben gefrorener
Seifenblasen, überall. Funken sprühten von unseren
Flossen. Wir Männer winkten euch und der

Sonne zwei Wochen lang good-bye. Jetzt ist es
Kalt wie sonst nirgendwo. Einzig die herzlosen
Wasserbären spielen in den Ritzen der aufgegebenen
Flensplattformen. Messer rosten. Kryptobiose. Wochen

Vergehen. *Just have one more try.* Leben in einem
Aufgebrochenem Stein. Oh, du mein Fischbauch
Was habe ich dich vermisst. Wie verstehen die Treue
Wo man den Hund, dabei nicht den Kameraden isst

Was die Reiher lehren

WINTERACKER, EGRETTA ALBA:
IM RUHEABTEIL VERMISST

So eine dicke, schwarze, klumpige, schwere, fett glänzende
Erde, so dicht, leicht und weiß die federige Nebeldecke
Über ihr. Überirdisch weiß dann der silberne Reiher
Der in kalter Ruhe wartet
Fressen findet sich nicht
Wie ich im Zug
Durch eine hungernde Landschaft rattre. Daneben
An sich in den Sitzen Erstickende, reisend. Immer
Wieder und immer drohender lärmen
Die Monster im Gleisbett. Wir halten sie fest
Unter Streben und Steinen
Sie züngeln an jedem Wagon
Wie die Dinge aktuell stehen kommen
Wir noch davon. Wir könnten die eigenen
Leiseren Geister zähmen
Zugfahrttraktat mit dauernden Spielen, Sprechen
Mit Fremden hält sie in Schach. Doch, ach, überall
Unsere mäusischen Sorgen, das haben wir
Und die Reiher davon

Noch stehen sie im dicken Pelz
Aus Efeu eingemummt. Um sie herum
Riecht es schon nach aufgebrochnem
Baum. Etwas quillt hervor, etwas, das
Winterliches Wirkgefüge war. Kein
Frost jetzt, kein Frieren, neuer Schnee
Und neue Wege nach dem Sturm
Über den Fluss gestürzte Bäume, über
Das Dorf gestürzte Flüsse und
Innen alles hell: ein verrückt
Gespieltes Licht. Während
Die Nebelkrähe sich im
Blättersturm verfängt, tanzt
Steppt und schimpft
Duckt sich
Wie der Rücken des fatal
Zu frühen Fuchses dein
Bewusstsein vor dem Tag
Es ist ein Tier, das sich längst
Ergeben hat und doch
Der gedrillte Wind, April April, zäuselt's
Vor sich her, fährt der Fähe herrisch
Das Fell gegen den Strich
Nimmt es Stück für Stück wo
Die Stadt das Rot noch nicht
Beschädigt hat. Schon quastet
Dein Bewusstsein
An der Mütze. Aber wie riecht denn
So eine frisch gezogene Wurzel
Wie riecht so ein frisch
Abgezogenes Fell

Die Krähen zerrupft, stärker
Als sonst. Sommer war
Wie Winter. Wie übermüde
Konzertgänger stehen Gänse
Da. Zertanzt. Zwischenzeitlich
Kopfgefiederlos
Schiebt sich eine Geieramsel
Ich nenn das so
Vom Platz
Schmerzhaft
Schüttelt die Robinie ein
Nächstes Blatt
Ins Nass
Im See
Es beginnt zu frieren
Sommers wie winters
Rücksprossende Tropfen
Überziehende Kältehaut

Rumination

God, my sheep and goats are yours

Ich lieg im Gras, schon
Eine rote Zahl
Einen blauen Fleck ins Fell
Gemalt
Doch etwas grünt noch
Ich kau daran
Verdaue das
Mein Gott

PANORAMABLICK (AT THE PLAYGROUND WITH THE KID)

Da
Bedeutet ihm die Ziege
Kopfschief
Ihr gefiele sein Gesicht, wie
Er lache, blinzle oder
Anstrengungen in dieser Hinsicht mache
Herr Goselmanu sagt

Ja, das war meine Frage
Findet ihr uns, vielleicht, manchmal
Schön
So wie ich euch
Finde, suche, sage
Euch, den ganzen Tag, die ganzen Jahre
Dass ich euch liebe
Ich gieße Licht in Gold
Gold in Licht, reich
Das Füllhorn euch zurück
Ich rutsche, du rutschst mit
Ich verschütte mich
Leide an deiner Seidenmilch, an alledem
Was du nicht siehst und doch
Zum Ausdruck bringst

Was
Bedeutet ihm die Ziege
Sie sähe ihn wie niemand anders
Ganz

BRIEF AN HERRN FLIEGE

Irrwitzer
Kopf Richtung Zelle: unentschieden
Voller Formverlust
Einverstanden unverstanden, aufeinander
Zu. Fußgruß, geschmackloser Fußkuss
Kurzes Zucken, wir bewegen uns, gut
Genug. Beeindruckt
Gestehe ich
Den Mittelpunkt der belebten Welt
Dir zu

NACHRICHT VOM AUSGEWANDERTEN KAPAUN

Eine Schwarte Frühling, Krokuspokus, mir
Ist das alles Klunk und Plunder. Im
Hintergrund der Junge, wieder, immer
Wieder: Kuck, das habe ich
Kaputt gemacht und kuck, das ebenfalls
Ich tremoliere: Die Blauäugigen sind hier
In der Überzahl. Pick den Staub vom
Wassertropfen. Pick das bisschen
Glück gehabt. Aus dem anderen Ei
Gekrochen. Muss noch. Worthülsen
Wachsen. Soweit ist frei. Signalisiere
Einverständnis mit dem
Invertiert gehicksten *Mm* – entschlechtet
Steh ich, da

Ist nicht Ammoniak, der die Naseninnenseite ganz zerkratzt
Ist nicht das Scharren, Krallen, kein Wasser, Sand
Ist nicht. Ist nicht das Schwerflügelige
Zucken in der Luft. Ist nicht die Tauben am Hochzeitsplatz
Nein schlimmer noch, schlimm schlimm
Licht an, pluck, Licht aus, Licht Licht
Etwas strebt aus dem Boden, flügellahm, schnabellos, Kamm
Fäule. Oben anlangt nur die Stallwand
Und noch weiter oben singt sich
Ein Schwan durch die Luft

NEUE PNEUMOPATHOLOGIE

Alle wussten, was war
War ein Zeichen. Was war
Das? Ein Flatterkreuz
Weiß, fast wattiger Vögel
Pfingstlich aneinander
Verhangen, der Himmel
Windstill
Schnabel um Schnabel und
Schnabel stak im Brustkorb
Des jeweils andern, knallendes
Luftsackplatzen, alle
Idiotisches Schwanken, wer
Tot war, ließ sich nicht
Feststellen

Elsterhaft, an der Stelle einer Birne
Find ein Schmuckstück, denk
Die Schwalben balancieren schon
Den späten Tag, verteilen
Sturmpositionen. Schiedsrichter
Türkentaube taumelt an ihren Platz
Zieht Bilanz. Sie ist gut angepasst
Es folgt ein kurzer Kampf
Kultur, Natur. Die Dämmerung
Hat sich in den Hof
Gesetzt, mit ihrem gelben Arsch
Unwetterhaft. Man bleibt gespannt

SCHLICHTER STREIT

Tauben picken
Im Asphalt
Die eine droht
Dran zu ersticken
Dann gurrt
Die andere
Brocken
Runter
Tauben picken
Im Asphalt
Die eine droht
Die andere an
Droht
Sie zu ersticken
Dann gurrt
Eine wie
Die andere
Den Brocken
Runter

Leise julisierend
Stapfen
Wachsig
Wachsendes
Flaschengrün
Strebender Weizen
Ein Feld voll
Erinnerung
Versickert
Du rettest
Diesen Regenwurm
In der Pubertät
Wie damals
Nur heute
Weißt du
Von seiner
Lebenserwartung
Mehr
Als ein Suppenhuhn
Da
Liegt was
Im Argen
Im Magen
Krümmt sich
Peristaltisch
Auch du
Reagierst
Erschütterung
Reglos
Regenloser Wurm
Er Erdwurm
Urmund
Du auch
Erdenwurm

Wächsern
Strebend
Leise
Julisierend

Die Schwäne sind zur Staustufe gezogen, sie haben
Eine inflatierte Zeiteinheit geklaut, sind da einfach hin
Wieder tragen sie die Botschafter in Gelb und
Grau im Gefieder und sind nicht *leuchtend weiß*
Und schön. Doch unser Jungsal: Eisbockschießen
Himmel, hängt in ausrangierten Lappen. Leg dein
Mitbringsel dazu. Kiefern zapfen sich so fort. Doch
Wir? Ich lass die Cola-Flasche porschen funkeln. Wir
Alle tragen doch unsern Bären spazieren
Unerträglich. Kränkung, es reitet sich kaum ein
Unterschied: du gefährlich verletzt ich gefährlich
Verletzend du gefährdungsverletzt ich
Verletzungsgefährdet
Deine letzte Kriegspostille knick ich in ein Schnellboot
Vom Typ Abschied, setz mich darein und schlingre
Durch die Fluten, auf die Verklausung zu. Denn die Schwäne
Sind zur Staustufe gezogen, sie halten eine Heiterkeit
Weit, wittern im Eisbach Sinn: ein nacktes
Morgen, das Lamento. Schonungslos. Nur in Ruhe. Sing
Nicht. Lass

Ungefähr zur selben Zeit als der letzte freie Bulle sich
Zum Sterben legte, hatte, auch nicht weit von dort
Herr W. sein Traktat beschlossen
Seither ist die Herde wissentlicher Sätze angewachsen
Stattlich: Fast jeder trägt schon dickes Fell und Horn
Und kommt zweimal täglich an mein Wasserloch getrottet
Ein Tümpel – mehr ist es nicht. Es handelt sich um
Eine Menge stinkeliger Wiederkäuer; noch üben sie
Kaum Druck aus auf das System, Welt W., und
Biologie. Auf dieser Ebene beginnen sie
Zu äsen. Man kann sagen, dass sie sich vom Mutterwitz
Ernähren: Kraut, durchaus nicht unempfindlich, im
Buchenwald. Manchmal aber tritt ein Satz den anderen
Zielt dabei erstaunlich gut, doch immer weiter
Wird ungenau: Ab fällt dem Esel seine Hinterhand
Auf mich wirkt es, als wären die Mitglieder der Gang
Sowieso nur selten lange Zeit stabil. Es fällt mir dennoch
Schwer, die Konflikte nicht zu lösen. Dann und wann
Nehme ich ein ungewolltes Jungtier, Kind – ein fast schon
Imposanter Sinnbeginn – zu mir. Ich bemühe mich, zu pflegen
Denn am Ende bin schon ich
An ihrer Situation erheblich schuld. Und dann kommt
Gutelaune, packt mit an, doch sie verschiebt nur
Wieder das Problem

Die Sonne steht vertieft in die Lektüre
Einer hügeligen Landschaft, insgesamt gelockert
Wir, über Brücken, wir über Grün inmitten
Dieser aufgeheckten Gegend, immer wieder
Neuer Wald. Die Sonne intensiviert noch mal
Ihre Strahlen. Kraftvoll, konzentriert
Umschweift eine Bande ausgelassener Ponys
Den Universitätsverlag
Ein Galoppieren, Stampfen ist das
Ein Wiehern durch den Nieselregen, ein
Fliehen durch das aufgewaschene Dichtergras
Ausdauernd, krautig sind auch sie
Hast du Hörner, die hätten jeden Löwen leicht
Besiegt. In sicherer Distanz geht ein gemeiner Mann
Mit einem Bullenkalb spazieren. Er könnte
Jeder Fliege was zuleide tun, doch das
Ist nicht der Punkt
Es beginnt die bürgerliche Dämmerung
Mir scheint, auch diese Ponys schreiben
Ihre Lieder. Wieder denk ich, eines Tages
Werden wir auch die mitsummen
Ohne dabei viel zu denken. Die Sonne ist
Verschwunden, immer wieder
Neuer Wald

PERFORMANCEHUND

Feiner Pinselstrich
Präziser Druck
Setzt sich, Schritt
Für Schritt
Ein Dunkles
Pfotenbild auf grauen
Grund. Der Künstler ist
Zugegen: Im Rechteck
Menschlich
Perspektive
Säuft er
Läuft er
Aus der
Frisch eingeschenkten
Pfütze

Schräg fällt ein
Frühnachmittägliches
Licht in sein
Spektrales Vielfaches zerstrahlt
Warm ist es, rund
Fast körperlich
Zum Atmen legt man es sich
Um den Hals
Ein wohlgestimmter Schal. Überall
Betriebsamkeit. Als Insekt
Fliegt es sich heut besonders gut
Still dagegen steht das neue Tier bei mir
Friedlich, frisch
Gerubbelt
Gekratzt
Gebürstet
Geherzt
Gewuschelt
Gekrault
Gestriegelt
Geleckt
Beide nun
Geschniegelt
Schütteln wir uns
Und durch den sich
Setzenden goldenen Staub
Rieselt ein
Glück. Wir laufen die Sonne rauf
Bunt – und könnten uns gewöhnen

Alldieweil ich so wie siebenjährig
Kopf gezwickt zwischen den
Knien, meine Kiesel zähle, Steinchen
Neben Steinchen ordne, was
Ein Unterschied, alle nehme
In der Mitte freie Fläche fege, neu
Komponiere, doch es fehlt die Harmonie
Setzt sich zu mir auf
Die Bank mein altes Ich, eine Dame
Ohne Zweifel, durchsichtig
Pflaumenfarben ist der Lippenstift
Schlehen ranken ihr Gesicht, klug und
Faltig, weiß wie Hagel fällt das Haar
Ich-Strich hat einen
Hund dabei, der mich gezielt begrüßt, und
Raucht auch wieder, mir so vertraut
Der Blick, zugleich verhangen
Durch mich hindurch, ich weiche
Aus, und streichle nur das Tier
Sein Auge goldmitkaramell
Gleich wie die gewissenhafte Ente nahebei
Es beginnt zu regnen, was der
Spektakuläre Erpel wieder überregistriert
Liebe Badegäste, wegen des Gewitters muss ich Sie bitten
die Becken zu verlassen; liebe Badegäste
Bitte verlassen Sie den See
Der umgestürzte Baum rauscht
Daraufhin nur einmal mehr
Ich steh nicht wieder auf. Die Ente bleibt
Ganz ungerührt und auch ich sortiere weiter mein Gefieder
Manchmal fällt das Atmen schwer und
Manchmal wieder Regen. Ich pluster mich und
Schieb die Federn über Kiel
Dann der Blitz: genau in

Meiner Sicht. Ich warte, atme und entspanne mich
Tief in seinem Grollen. Die Melodie, die mir dann
Entweicht, erweckt mein altes Ich
Ein Lächeln und Ich-Strich zieht mich
Endlich, anerkennend, fast
Mütterlich zu sich rüber

Im Hintergrund

Verhalten wir uns still und sehen
Schwäne gründeln
An der Unterseite der Nacht
Und hell den ziemlich vollen
Mond aufgehen. Ein Licht
Viel heller noch als er, als du, als
Ich, kommt auf uns zu. Ein Wurm, ein
Käfer, was weiß ich
Er glüht, wir sind bewegt
Er scheint so klar
In sich, nur sich und
In sein helles Licht
Verliebt und sinkt ins Wasser
Ich, betrunken vom Geglüh, an
Dein hartes Knie
Erlisch, Narziss

Beginnen wir mit meinen Füßen
Für das Leben, Draht, Kardeelen, verdrillt
Aus Mandelkern und Welt, wie für
Den Waschbären und das elegante Manteltier
Trotz Ballerina plantigrad
An ihren Enden, Spitzen, Litzen
Vergleichsweise ganz
Gut verteilt, zehn Zehen
Manchmal überlege ich
Welchem Körperteil sie ähnlich sehen
Lache
Hand aufs Herz, denn: Kopf
Vielleicht
Wer weiß, hätte Seiltanzen
Auch etwas gebracht
Ich suche nach der Leistungslinie
Meine Ballen, Fersen sind trotz allem
Kaum zerfurcht von dieser Erde
Erinnerung an ein was-ist-was
Buch zur Anatomie der Tiere: Pferde
Sind bewundernswert
Für ihren Zehenspitzentanz
Wir Primitiven sollten
In die Steppe, lernen
Die Balance dort
Zu schätzen

NACHTHONIG

Immer kreuzen unsere Bienenlinien
Warum halten diese Lichter
Auch nicht still
Da kommt der kleine Bär
Und da der große
Über den Hügel
Über den Berg
Die räuberischen Sterne fallen
Über unsere süßen Träume her

Eine süße Stunde
War ich gerade wach
Mitten in der Nacht bin ich
Nicht sicher
Hab ich nachgedacht
Oder bin ich mit
Dem Käfer gleich dem Licht
Der Milchstraße gefolgt
Ich nehme an, ich
Nahm noch Proviant
Denn der Weg von hier zur
Ewigkeit ist lang
Grabbeigaben
Nur Früchte, Honig, Brot
Für mich, wichtig
Andere Mumientiere
Und Schokolade
Schließe nun die kühle Tür
Herr Goselmanu war schon da
Komm ins Gold und klar: Ich
Plünderte, wie wunderbar
Die eigne Vorratskammer
Dann falt ich wie der Käfer
Die matten Glieder
Ins Perkaltuch. Bar
Meine Seele nestelt noch
Ein wenig kryptisch, dieser
Traum von Skarabäus

Apropos Herr Goselmanu

Also, ich bin seine Katze, zur
Blutdrucksenkung den Ägyptern
Schon bekannt, und
Als der Alte wusste
Wie es um seine Seelenruhe stand
Entzog er sich
Zunächst den Schlaf
Dann hat das Schlitzohr
Mich in einer Flasche aus
Halluzinogen verquicktem
Zuckerglas in den Fluss
Gesteckt. Ich leckte brav
Substanz – der Effekt
War: Darwin
Biss mir meine Krallen ab
In der Tat
Herrn Goselmanus Blutdruck sank und
Unterdessen trank ich, fand
Mich, mit der Auflösung
Der Flaschenwand
In seiner ruhigen Hand – seither
Schnurre ich, wenn man mich
Aus dem Wasser fischt

So, sagte der Bär, ich lese
Dir nun aus meinen Gedanken vor. Ich
Schmiegte mich dicht, verstirnte, sein Fell
In einer Milliarde Jahren werden nur noch
Die Extremophilen auf diesem Planeten
Zu leben haben, kaltgebrüht
Und zu denen gehören wir nicht. Ich
Schmiegte mich dichter, da, warm, sein Fell
Er hatte die ganze Nacht gesprochen. Es
Wurde langsam hell. Zurück auf
Anfang – er sagte, es sei schwer zu sagen
Ob es sich alles noch einmal genau so
Oder anders abzuspielen habe. Chaos. Ein
Gähnen: das Leben und das größere
Miteinander. Im Halbschlaf
Wurde ich seine Tochter
Er hinterließ mir
Sein funkelndes Fell

Nach dem Transportflug
Enthusiasmierte Rede des geklonten Muttertiers

Ich werde
Die Kreatur, die 10 000 Fuß
Hoch, über dem bekrochenen Boden
Dort, wo Luftdruck und Temperatur
Euch zum Reisen zwingen
Im Eis verweilt und
Singen. Ich werde Kreatur, Filigran
Gespann aus Adern und Venen, zaghaft
Der Herzschlag
Sichtbarer Blutlauf, Puls in einer
Spannweite von Gegenwart bis
Unendlichkeit
Wird eure neue Tageszeit. Ich
Werde die Kreatur, die sich in dünner
Luft dehnt und findet
Sauerstoff, Zelt, alles
Überspannt
Stickt Wahn und Mahnung
Der vergangenen Tage in
Die Innenseite ihrer Flügel
Denn ich werde
Die Erde
Bergen, Neobiota lecken
Wasser ansetzen. Diese Atmosphäre
Nach der Neugeburt
Wenn ihr mit mir in die Luft geht
Und der Druck abfällt
Ich übernehme

AUS EINER POSITION
VERMEINTLICHER SICHERHEIT

Du sagst, wir sind auch nur Tiere, groß und traurig
Du wählst die Leute, die dich überleben, als
Wäre das ein Privileg. Wir werden

Weiter durch die Landschaft grasen. Wo
Wir weilen, weinen, wir verwundet zweifeln
Nährt das Salz aus unseren Augen die Wüste

Die wir hinterlassen. Populiert doch schon
Der Himmel erwölkt sich schwerlich alle Tage
In jeder Richtung ein Szenario in anderer Farbe

Dort modert der Algenteppich. Hier sperrt
Das durchtrenste Maul vom Bukephalos[1]
Am Horizont. Der Name reißt sich los und das

Tier spürt den Schmerz. Vier Reiter simulieren
Schmetterlinge. Gemüt: stabile Strophenlage
Hinter uns: Anästhesie. Wir lernen atmen

Wo niemand atmet.[2] Somnambule Stenographie
Ein Anschlag pro Sekunde. Kampfgedanken
Biopsie. Unsere Bäuche schleifen zu Boden

Die Haut ist rau. Wir lecken den Wolken den
Wattigen Busen, neiden den Tieren die wollige
Kugel und immer wieder: diese Leidensfähigkeit

---

1 Du erinnerst dich: Den mochtest du so gern
2 Das ist im windgeborenen Schnee

WIR GEKRÖNTEN

Nervöse Winterbäume, Stämme, Dendriten
Im genausograuen Hirn verästelt
Rühren im Wind, in der krustigen Rinde

Ich bin das Gletscherkind, brech mir den Kopf
In den Schnee, Schmelz, Frucht
Unterwassergerausche, ich lausche. Das

Gequietsche Möwen wühlt sich in die
Luft. Ich kann hügelnd ihnen auf den Rücken
Gucken. Wer macht sowas schon

NATUR DER DINGE

Ich beginne, höre Stimmen. Wir
Müssten leiser werden. Wie die
Eisvögel Feuer fangen, geht

Die Welt ja niemals unter, doch
Was uns wertvoll ist, geht ein
Kopfdickes Schloss

Epinephrine, komm, wir schreiten
Unbekleidet in den Regen
Erklimmen einen Adlerhorst

Hypnagoge Klangwandler, wir
Wählen uns ein neues Zeichen
Tock tock, Gelichter wir

Ich wippe meine Stimme in den
Wind, der flicht den Tag ins Haar
Kitzelt raus, *was in uns haust*

Doch, von Glück gewickelt, vom
Elefantenkind berüsselt, bleibt
Unsäglich, wer wir wirklich sind

SELBSTBESTIMMUNG

Die letzten Neuntöter wetzen ihre Stimmen
Bodenlos muss ich immer weiter steigen
Die Stände in den englischen Futterhäusern

Sinken, Wind spielt mit Papier. Ich migriere
Zwischendrin. In den Ecken, an den blinden
Flecken meines Denkens, sitzen

Schimpfen ausgewachsene Makaken
Affen, Katzenkinder, Biberratten
Mein polyphones Schnattern ist das

Ein Blick und urwaldhafte Ruhe wird es
Diamantköpfig inhibiere ich
Den Trieb. Flachwurzlerin, die ich ja bin

Verweigerung der Seide

Auf den puppenden Rücken
Geschlagen, überhitzt, atmend
Liegt da was: war ich

Im Einschnitt. Erlebnis
Machete zwischen den
Schultern das alles. Klaffend das

Alles. Ich fütterte dich
Vom Maulbeerbaum, tausend
Mal tausend gewunden

Mit offenen Händen
Blut ist im Mund. Im Mund
Ist Betrug ein leichtes

Wort. Eiterbruch, eifernd, suchend
Umfassend, Liebe, so ein Filament
Ich meine Körperhülle

Schmetterling, nenn mich Spinnerin
Verhaspeltes Raumaul
Immerhin: Ein Kokon blieb geliebt

BLUTPROBE: NÜCHTERN AM MORGEN

Der Tag hat eine Wand aus dies
Und das in den Weg geschoben
Nebel der Alltäglichkeit

Mein Therapiewaran nimmt die Spur auf
Kaltes Blut, erstarrte
Herzensangelegenheit

Während die Kohorte Nachwuchs
Brombeeren in den Strauchspitzen frostet
Bin ich gesund

Ich werd ja sehen, was ich fühle
Und fühlen, was ich seh
In der Blutprobe

Ob es kocht, ob es lockt
Ob es flockt, ob es stockt
Ob es frieren kann

Kälte (neue Qualität)

Mir ist als ob ein Affe
Fliegt; er fliegt durchs All und zieht
Mich hinter sich

Wir sind wie Krosh und Ivasha. Unsere
Knochen, Muskeln halten uns in Position
Trotz alledem fühle ich mich

Schwer. Ich sehe Gänse, die mit
Verdrehten Hälsen unter uns und
Rückwärts fliegen. Ich will

Hinterher. Was nicht sein kann, denn
Natürlich ergibt es keinen Sinn, sich im
Nichts noch zu bemühen

Gegen die Angst. Ins Ziel

Hier kommen meine Show
Dämonen, hoch gezüchtet
Endlich

Meine eigenen Kampfrichter
Geben
Das Herz geschlagen

Wie es dünn wird
Wie es an ihm raspelt
Wie die Ratten, agoutifarben

Im Schlehendorn, ganz oben
Wo eigentlich
Die Stare wohnen

Natürlich habe ich nichts
Gegen die Ratten
Natürlich habe ich nichts

Gegen die Angst

Mein Morgen bricht
(aber dem Rotkehlchen sei Dank)

Dieses Rotkehlchen fliegt
Ganz dicht, über den Feuerball
Abenteuerlich, springt hin vor mich

Wo sich das Licht sammelt
Vorsichtig, zu früh geschlüpft[1]
Fang ich mich, mit zuckersüßem

Wasser, Silben, Wirbeln
In der Kehle. In meiner Kehle
Wachsen Muscheln. Schätze

Schon seit hunderten von Jahren
Schmuggelware, vorbei am Einhorn
In Gedanken, ich bin bei ihm

Das dort nach Nahrung sucht
Wo ich seine Stillgeburt vergraben habe
Aber versuch doch

Heute mal: nur Blüten fressen
Wie gerne würde ich ihm seinen Rücken
Knabbern, risten, im morgendlichen

Sonnenwind. Ich spüre schon
Die Kühle von in noch mal tausend Jahren
Über diese Treppe, wo jetzt noch

---

1 Ich schwanke, trete zurück
  Durch eine Gummiwand
  So fühlt sich das an
  Verlierst du jetzt noch den Verstand

Lichtflecken spielen, ziehen, und wie mir
Dann das Herz aufgeht und ein Wort
Wie Dankbarkeit Wurzeln schlägt

WIEDER FLIEGEN

Die Erinnerung
Der erste Aufwind ist verflogen
Mit deinem Daunensatz im Sturm

Nach dem Abschied von den Küstenspatzen
Die mir Mut zuflüstern
Ist es stundenlose Nacht

Die Rotbrust mit der Zitterpfeife
Ist noch nicht auf ihrem Platz
Im Dunkeln tastend, schwebend, betrachte ich

Eine Stadt, so hingemurmelt, ganz zerstreut
Der Leuchtteppich: Algen, Menschen
Schwappen, Kaulquappen zucken

Und dazwischen klopft das Klacken
Herrschaftlicher Ampeln
Den apokalyptischen Gefühlen

Auf der andern Seite des Atlantiks
Ihren Takt. Ich werde anstandshalber
Bei der Landung

Von der Kanadagans begrüßt
Ich mache einen Satz, nicht triumphierend
Sondern zaghaft und rufe dich dabei zurück

Strandlandschaft, ohne Hund

Der kleine Reiher, seidenweiß wie Meerschaumkronen
Schleicht in gelben Schuhen, nickt mir zu, ich gehe
Mit: 391 Schritt' zum Strand

Wie in einem ruhigen Pool, Felsen, flitternd, für die Dauer
Bis zur nächsten Flut, die Gedanken glitzernd zwischen
Durchsichtigen Fischen schimmern

Muße nun und immer: Oberfläche, meine Füße fingern
Samt, Stimmen, helles Grün, übermooste Knochen
Breit geschlagen, liegt der Ozean

Ein Mann bespricht mich wie ein Fundstück: Sei vorsichtig
Denn wir sind nicht in unsrem Element. Deswegen
Ja: *Just, can I walk your dog*

ICH BIN

Das letzte Reh im Zoo von Gaza, ich
Steh, zerschossen Fell und Sand
Am Rand: ikonische Verzweiflung. Ich

Seh meine Freunde an der Wand. Wer
Hat mich übersehen? Warum bleib ich
Bleiern, unerschossen; unentschlossen

Geh ich hin. Ich wittere, was surreal ist, die
Wand marschiert mir in die Nase, ich biete
Mich dem Truthahn an. Als Friedenszeichen

Schalomsalam, ich
Bin das letzte Reh, im Zoo von Gaza
Du mein Absalom-Perückenbock

Zerschossene Testikel, tapfer und wie schön
Du bist, ich weiß, und Gott erspeit die Lauen
Ich bin, Jesusmaria, voll der Gnade

Und was für ein brutales
Bild vom Krieg

FESTSTELLUNG DES BLUTBRUSTPAVIANS
für Goobers

Aus der Lernkurve geworfen[1]
Der Affe bricht die Sprache
Wie den Granatapfel auf. Es knackt

Er entwickelt den Begriff
Von Heimlichkeit und folgt dem Faden
Schwankend in das Dunkel

Was der nicht alles kann. Man
Greife sich sein Herz. Deine
Fresse. Autoritäres Geplapper, ein

Rekursives Wühlen im Müll
Der Kommunikationsgesellschaft
Wer glaubt schon an Evolution? Hm

Dagegen hält nur das Provinzielle
Der Intellektualität. Das wirft er dir vor
Wer? Der Pavian. Mit blutendem Herz

Drehst du seinen Hals um und legst
Ihm, buchstäblich verträglich, diese
Sätze in den aufgepfropften Mund

---

1 Man will ja gar nicht schwer verständlich sein

SPUREN. EIN BIBLIOTHEKSBERICHT[2]

Blick aus dem Fenster
Hängend. Eingeschränkte
Sicht. Ich wollte mehr

Als dein Ziervogel sein
Landen. Krallen an Erdapfel
Wie das spritzt

Auf dem scheinbaren Planeten
Kletterfuß. Zeit beschleunigt
Zwei Zehen vor, zwei zurück

Finalversuch, an deinem
Globus. Und wie der nun scheint
Überall Spuren

Spuren vom blaufüßigen Kronengreifer
Vom lufthufigen Waldtarpan
Vom grünblutigen Kauzflügler, von der

Leuchtenden Schwanzfederschlange
Von der Yeti Ralle, und von Herden
Selbstregulierenden Glasschalenfleischs

Ganze Schwärme von Fassschwammanglern
Leuchten vom transgenen Stein
Züge vom lippstippenden Riesenhirsch und

Wenn ich recht sehe auch Spuren
Vom Kaiserspecht, abgestürzt. Echt
Federpicklinien? Daneben eine

---

2 Vermutlich von Herrn Goselmanus Amazone, ca. 1508

Wagenladung Generalsschnurrbarttamarine
Und hier: Spuren vom Drachen
Der das Golfen erfand

Gar nicht, wo man meinte: *Hic sunt
Dracones.* Viel
Viel näher dran

Aus einer Position vermeintlicher Sicherheit

The proper study of mankind is man,
but when one regards the elephant, one wonders.
Papst Leo X. (nirgends)

Sosehr ich mich bemüh, versetzt
Nach Asien: kein wilder Elefant
Zu sehen. Man trifft sich

In der Flüstergalerie. Dort legen
Die Armeen von Ektoparasiten[1]
Die Gebete dieser arbeitslosen Riesen

In Ketten und Verbindlichkeiten
Die man draußen kaufen kann
Willkürlich amputiere ich die Scham

Verschlucke, wie verschieden
Zahm und gefangen klingen
Aber sprachlos bleibt die Katastrophe

Ja angeblich unbekannt. Koshik
Dagegen, spricht und die Verwandten
Sprechen auch: Ich hör es deutlich

Aniya choah. Dein gestreckter Aschenfuß
Dein hingegebenes Leben, lang, und
Wieder nichts zu sehen, ich verstehe

Doch im Gehen winkt aus der Zuckerrohr
Plantage eine Elefantenkuh[2] mir zu
Wie lustig die Forellen aus dem Wasser …

---

1 Nach den Mahouts in den Genicken sitzend
2 Die sich als Dichterin verdingt

Ich muss lachen: mit
Den Gottesanbeterinnen
Gemeinsame Sache machen[1]

---

1 Was für 'ne Idee

LETZTES

Dein Sturm hat alles aufgehackt, Wieseleien
Im Wurzelfell, ein Rot vom eingeklemmten
Flamingofuß oder von deinem Fleisch

Und Blut. Krebseinlagerungen in meiner Feder
Moosbrokat spangt zwischen blond gekämmten
Wiesen. Hoch zwitschert es. Kein Vogel in der Luft

Zu sehen, kein Busch. Wiesenbrüter, klug, geduckt
Demgegenüber: War ich der Vogel, der gegens
Zeitfenster, in dem er singen lernen sollte, flog

Dass das bisschen Hitze flimmert vor den
Windgeschlagenen Schindeln. Cimitir
Wo du nicht liegst. Manchmal denk ich

Wir als Gattung, Mensch, wir müssen noch
Den Mars besiedeln.[2] Dabei ist mir Autofahren
Schon zu viel. Bei uns ging immer alles

Unter. So gern ich's hatte, so gern ich sang, so gern
Ich sang das immer gleiche Lied, ich dachte
Wenn wir eines Tages nicht mehr – über

Eichhörnchen sprechen, oder Waschbären, die es
Bei uns nicht gibt, über all die Tiere, die wir sowieso
Nicht sind. Doch dafür ist es nun zu spät

---

2 Du erinnerst dich: Dafür hattest du dich interessiert

Appendix

Zur Fragestunde im Parlament der Eulen
(causa Goselmanu)

Vorbemerkung des Stenografen.
Hier ging dann alles
Durcheinander

Erstes Gewölle.
Wer ist Herr Goselmanu
Man behauptet, er hatte Dame Rothschild
Ihren ersten Floh ins Ohr gesetzt. Erregtes Plenumsrascheln
Manch einer meint, er hätte selbst den schwersten Kudubock
Gezähmt. Die Ehrenépitoge in Amarant
Mit Hermelinbesatz hat er aber abgelehnt
Man sagt, er spendete dem Opah Blut und Herzenswärme
Und half ihm bei der Jagd. Unterdrücktes Zischen
Von der Schleiereule
Die Fragestunde wird auf die Nacht vertagt

Gewölle Nummer zwei.
Ein Wesensprüfer wird befragt. Erzähl doch mal. Nun
In seiner Studienzeit vermerkte er die relative
Helligkeit der Sterne, so nebenbei
Bemerkt sei sein Versprechen für die Ewigkeit
Geplatzt, wie eine Südseeblase, als er
Bei der Kryostase-Frage
Zögern musste. Die Verlobte war vollkommen
Aufgelöst. Sein Traum
Hatte zu Lebzeit schon gegen jede Reanimation verfügt
Der Dongar Dudaa tunkt sein Hmhmhm in Unruhe. Kunstlos
Ist Herr Goselmanu auf keinen Fall
Man blättert in dem Bilderbruch. Ein Experimentator, ja
Doch. Jemand, der ein wenig hilflos ist, als Mensch
Allein. Vielleicht. Wen wundert es. Das war's
Man dankt dem Wesensprüfer mit einem Kranz
An abgehangenen Lamaembryonen

Und trotzdem sagt man Goselmanu
Ein Verhältnis nach, mit der Frau von Claude Bernard

Zwischenruf.
Ein selten herrenloser Hund wirft sich in die Runde
Fast katzenhaft, man lacht – uhuhuhoho
Die Sitzung bricht vom Ast, man federt
Lautlos in die Pause, mausgroß liegen für alle
Häppchen da

Gewölle drei.
Vorführung Herr Goselmanu. Er hat sein jüngstes
Fasel mit dabei, mit der Flasche aufgezogen
An einem Strick, der selber schillert
Die Prognose ist in Neonfarben
Wie der Name eingestickt. Noch nass von der Geburt
Aber schon volles Spielverhalten, was für ein Gepräge
Doch: Die Keimbahn unsrer Sprache
Bleibt davon unberührt. Eindringlicher
Blick: Wissen Sie
Der Versuch besonders verantwortungsvoll
Zu klingen, dabei hat man bloß kein Herz
Das habe ihn am meisten bei allem dann und überhaupt
Gestört. Und das Gefühl
Vom schlauen Satz. Der Salomoneneule
Wie immer etwas furchtsam, wird's zu viel. Mahnung
Vom Parlamentsvorsitz: Herr Goselmanu
Sie tragen ja die Puppe Ihrer Majestät
Am Hals: Was mal ein Queen Alexandra Falter wird
Ist an was mal die Kiemenbogen waren
Knapp untern Adamsapfel gestürzt
Umflossen von dem Bart. Eine Schutzmaßnahme
Klar. Das Vertrauen fehlt

Postscript.
Und weil es nichts zu sehen gab, am Tag danach
Wirkte Herr Goselmanu kopflos

Beinahe pflanzenhaft. Zuletzt
Wiederholung, immer wieder: *Nimm dein Spielzeug*
Und hau ab. Und in der Tat
Am Ende nahm er seine Sonnenwinde
Und es ward

Nachweise[1]

Was ist los mit euch – eben. Habe den Lemuren so verstanden.

Erkäntnüß des apfelrunden Kreises – aus einem Faltblatt der Innsbrucker Wunder-kammer auf Schloss Ambras.

Half aware of being fraudulent – ich hätte schwören können, Isaiah Berlin hat das im Zusammenhang mit den Romantikern gesagt, in seinen exzellenten Vor-lesungen *The Roots of Romanticism*. Nun sagt er es im Zusammenhang mit jenen, gegen die Tolstoi angeschrieben haben soll; cf. seinen Essay »The Hedge-hog and the Fox. An Essay on Tolstoi's View of History«. Das wirft ein ganz an-deres Licht.

Das Sezieren hat [sehr] viel Spaß gemacht – Tobias Blöbaum, Florian Busch und Raymond Apel in ihrem »Wir sezieren ein Schweineauge«, cf. http://www.gymbay.de/faecher/biologie/Wir%20sezieren%20ein%20Schweineauge.pdf. Das »sehr« habe ich aus rhythmischen Gründen unterschlagen.

Fuchzehnhundert Strafe sagt er, zahlt er, Heil/Hitler – ein nackter Deutscher, im Englischen Garten im Sommer 2014.

Sometimes I would like to throw my arms up – ist das nicht grauenvoll? So war das.

Ich hab das Gefühl, es hilft – ich weiß auch nicht, zu oft gehört, überall.

My love story came to an end/has come to an end – aus der Zeugenaussage von Natalie Roshto, Witwe von Shane Roshto, aus Liberty, Mississippi, in der An-hörung vor dem *Committee on Commerce, Science, and Transportation* des us-Senats am 30. Juni 2010; cf. http://www.gpo.gov/fdsys/pkg/CHRG-111shrg68023/html/CHRG-111shrg68023.htm.

There was absolutely nothing und *die Depression erklären/Die wir sehen* – cf. *Fünf Jahre nach Deepwater-Horizon-Explosion. Die langen Schatten des Öls* von Monika Seynsche auf http://www.deutschlandfunk.de/fuenf-jahre-nach-deepwater-horizon-explosion-die-langen.740.de.html?dram:article_id=316919.

Für uns Menschen ist das natürlich völlig harmlos und *Ich hab selbst schon welche gezüchtet* und *Da wir ja auch nur Mutanten sind* und *Die Entwicklung der Fauna und Flora in Pripyat ist* – so oder ähnlich; cf. »Diskussion geschlossen – lesen Sie die Beiträge!« auf http://www.spiegel.de/forum/blog/atomkatastrophe-for scher-entdecken-fukushima-mutationen-thread-68277-2.html.

Heute/Ist der erste schöne Tag – cf. Goethe in seinem Tagebuch am 29. Juni 1816.

This animal is suffering. What shall we do? – ich glaube, so hast du es gesagt.

I don't think he is suffering at this point. – da bin ich mir sicher: us-Amerikanerin, die nicht namentlich zitiert werden möchte.

eine Abweichung/Macht und *Depression ist geheilt* – darf ja Namen nicht nennen, aber so sprechen Experten.

---

1 Alle Internetlinks waren stabil am 7. Juni 2016.

Hat eine gute hypnotische und muskelrelaxierende/Wirkung [...] nur schwach anal-
getisch – cf. https://de.wikipedia.org/wiki/Isofluran. Ja.

In einem seiner/*Sommer* bleibt *der Honig aus* – cf. »Thema und Variation« von
Ingeborg Bachmann.

Herzliche Grüße an alle – vermutlich Renate Born, in unser aller Namen; cf. voya
ger.jpl.nasa.gov/spacecraft/languages/audio/german.au.

Viecher – kann's nicht mehr hören, tu's aber ständig.

schön – jemand, auf der anderen Seite des Käfigs.

roth – nicht, dass mir da noch einer ...

strange creature with/warthog's mouth – cf. http://www.telegraph.co.uk/news/
worldnews/7751935/Strange-creature-with-warthogs-mouth-found-in
Canada.html.

and now the fish – cf. der Neurologe auf dem Markt am *Saturday* von Ian McEwan.

Just have one more try – cf. »The Quitter« von Robert W. Service.

God, my sheep and goats are yours – cf. »Moses and the Shepherd« von Rumi.

Ja, das war meine Frage/Findet ihr uns, vielleicht, manchmal/Schön/So wie ich
euch/Finde, suche, sage/Euch, den ganzen Tag, die ganzen Jahre/Dass ich euch
liebe/Ich gieße Licht in Gold/Gold in Licht, reich/Das Füllhorn euch zurück/Ich
rutsche, du rutschst mit/Ich verschütte mich/Leide an deiner Seidenmilch, an alle-
dem/Was du nicht siehst und doch/Zum Ausdruck bringst – selbstverständlich
hat Herr Goselmanu das genau so gesagt, aber sein Kommentar wurde ge-
löscht; cf. http://phys.org/news/2010-05-scientists-goats-spider-silk.html.

leuchtend weiß/Und schön – cf. »Zogen einst fünf wilde Schwäne«.

Liebe Badegäste, wegen des Gewitters muss ich Sie bitten/die Becken zu verlassen;
liebe Badegäste – Durchsage im Münchner Ungererbad, hörbar noch am Schwa-
binger See, an einem Nachmittag im Sommer 2013.

Eisvögel Feuer fangen und *was in uns haust* – cf. »As Kingfishers Catch Fire« von
Gerard Manley Hopkins.

Just, can I walk your dog – gehört im Winter 2012 am Strand von Kenton-on-Sea.

Wer glaubt schon an Evolution? – für den truly astonishing case des Dr. Leonard
Bailey cf. »Using One Baby for Another«, in: *Classic Cases in Medical Ethics.*
Accounts of the Cases and Issues that Define Medical Ethics von Gregory E.
Pence, 2008, 276–293.

Aniya choah – Koshik, so oder ähnlich; cf. »An Asian Elephant Imitates Speech«
von Angela S. Stoeger et al., in: *Current Biology* 22, November 2012, 2144–2148.

Wie lustig die Forellen aus dem Wasser – springen; cf. »Die Freude der Fische« von
Dschuang Dsi (Zhuangzi) auf http://gutenberg.spiegel.de/buch/-1327/1.

Wer ist Herr Goselmanu – haben Sie vielleicht auch schon einmal gehört.

Nimm dein Spielzeug/Und hau ab – eigentlich erste Person Singular, *Îmi iau jucă-*
riile și plec, aber als Ratschlag ins Du gewendet oft gehört.

INHALT

Vorwort

Wie schön war mit uns diese Welt

Apropos Homöostase

Zwischenzeit

Einen Tag draus machen, mit geködertem Atem

Erste öffentliche Klebung: Korrekturprotokolle

Was die Reiher lehren

Aus einer Position vermeintlicher Sicherheit

Appendix

Nachweise